跨文化交际

KUAWENHUA JIAOJI

◎安小可 著

重庆大学出版社

图书在版编目（CIP）数据

跨文化交际／安小可著.--重庆：重庆大学出版
社,2019.1
ISBN 978-7-5689-1048-4

Ⅰ.①跨…　Ⅱ.①安…　Ⅲ.①文化交流—高等职业教
育—教材　Ⅳ.①G115

中国版本图书馆 CIP 数据核字（2018）第 065868 号

跨文化交际

安小可　著

策划编辑：顾丽萍

责任编辑：杨　敬　刘　婕　　版式设计：顾丽萍
责任校对：关德强　　　　　　责任印制：张　策

*

重庆大学出版社出版发行
出版人：易树平
社址：重庆市沙坪坝区大学城西路 21 号
邮编：401331
电话：(023) 88617190　88617185(中小学)
传真：(023) 88617186　88617166
网址：http://www.cqup.com.cn
邮箱：fxk@ cqup.com.cn（营销中心）
全国新华书店经销
重庆俊蒲印务有限公司印刷

*

开本：787mm×1092mm　1/16　印张：12　字数：255 千
2019 年 1 月第 1 版　　2019 年 1 月第 1 次印刷
印数：1—2 000
ISBN 978-7-5689-1048-4　定价：35.00 元

序

　　我们已经很难想象，公元前 2 世纪那些牵着骆驼，从长安启程，穿过漫漫黄沙，越过无数地球经纬度到达地中海沿岸并成为第一批开辟古丝绸之路的先行者们，是以怎样的意志、方式、语言同遥远的异族进行沟通和交流的，正如我们也很难想象，古腓尼基人是用怎样的辅音字母表述方式让古希腊人形成了完整的元音和辅音字母体系及文字规则，直至在人类文明的进程中缔造并改变了包括罗马字母、拉丁字母和英文字母在内的语音符号，最终让地球人在同一个语音频带上演绎着不同种族、国度、社会及文化形态之间的交流和情感共振，但至少，跨越文化的交际，让这一切成为现实，并向未来延续。

　　当前，"一带一路"倡议正迎来广阔的、包括跨文化交际具体实践在内的崭新时代，基于相对成熟的不同文明形态、价值形态、社会形态之间的碰撞和交融将构成新世纪人类发展与进步的多元化、生动而丰富的景致。这种跨文化交际的本质、内涵以及它的外延和实际运用，本书的编写者进行了大胆的探索和梳理，些许浅近，但匠心可嘉，本书也将为旅游类专业的语言类教学提供积极的辅助和支撑。

　　旅游无疑是一种文化现象，它往往在不同的文化形态中寻求相同的情感认知，也在不同文化类型的比较中获取心智和体验，这亦是旅游的价值所在。如此，本书的实践也无疑是一次有益的尝试。

　　受作者之邀作序，无奈掣肘于才疏学浅，文字粗拙，斗胆落笔，以为序。

2018 年 3 月 23 日

前 言

　　随着世界经济全球化浪潮的日益高涨,不断更新的现代化传播通信技术,高速便捷的交通运输方式以及多媒体、互联网和大数据平台的产生、创新和运用,不同国家、不同社会制度、不同文化背景和不同地区之间人们的交往日益频繁。这一切使得跨文化交际成为这个全球化时代的突出特征。在全球化的新形势下,我国对跨文化交际型人才的需求日益增长。

　　本书既可作为高职旅游类专业跨文化交际课程的教材,同时也是涉外旅游、酒店服务、对外商务活动的实践教材,还是出国留学、访学、移民和与来自国内外不同文化背景的人群开展国际交流的有益指南。教育部在 2007 年公布的《大学英语课程教学要求》中明确指出:"大学英语是以外语教学理论为指导,以英语语言知识与应用技能、跨文化交际和学习策略为主要内容,并集多种教学模式和教学手段为一体的教学体系。"

　　跨文化交际学(Intercultural Communication)是 20 世纪 70 年代在美国等西方国家迅速兴起的一门学科。跨文化交际学是传播学的一个分支,是综合传播学、社会学、文化人类学、社会心理学、新闻学、哲学、历史学、民俗学、国际关系学等学科有关理论,并与实践密切结合的学科。本书力求吸收和借鉴西方学者在该领域的最新研究成果,结合我国与该学科有关的研究成果,结合"一带一路"视阈下讲好中国故事,讲好中国与世界各国间的故事的特点,对跨文化交际学进行系统的阐述。本书从跨文化相关的电影片段切入,运用"体演文化"的教学理论,设计跨文化学习项目。本书与同类书籍的区别在于更为关注"一带一路"沿线国家不同文化背景下的价值取向、思维方式、文化习俗,以及因不同社会结构形成的角色关系导致的行为规范差异;因不同民族习俗所积淀的文化符号及其代码系统的差异;不同交际情景制约的语言规则及其导致的交际方式差异。

　　语言是文化的镜子,文化直接影响语言的表达方式。我们熟知的语法,更多地反映表达正不正确,而受到文化浸染的遣词造句,才是地不地道的决定因素。本书从跨文化交际职场对话到体演文化练习以及拓展篇的内容都强调要学习地道的英语表达法,首先要拓展学习者的跨文化思辨能力,学会体演另一种文化是学习语言的前提。全书分为三个部分:理论篇、实践篇和拓展篇。全书以项目学习活动为叙事脉络,理论篇中项目一是关于跨文化交际的相关理论学习,即认识文化、认识语言交际和非语言交际、认识文化休克等知识。项目二学习中外文化习俗对比,强调中国"一带一路"沿线国家文化习俗对比的重要性。理论篇按照学习目标、课程导入、学习任务、任务布置、小结进行设计编排。

实践篇为本书的重点学习内容之一,包括跨文化交际职场情景对话、案例分析练习、体演文化练习(中文场景)、体演文化练习(英文场景)。实践篇采用跨文化交际职场情景对话和案例分析的形式进行设计,旨在实现从跨文化交际意识培养到跨文化交际实践应用的能力提升。

项目七至项目十二为拓展篇学习内容。拓展篇通过图片导入与主题相关的英语关键词及文化背景知识,学习地道的英语表达法及英语俗语用法。这样的编写体例在跨文化交际教学和学习中是一个大胆的尝试和创新。

2011 年作者得到国家留学基金委的资助,到美国俄亥俄州立大学访学一年,其间选修了中美文化关系、跨文化心理学、体演文化教学法等课程,同时开始积累跨文化交际学的相关资料。在 6 年多的写作准备过程中,曾得到许多国内外朋友的帮助,也得到了云南旅游职业学院领导们的大力支持。这里要特别感谢俄亥俄州立大学东亚语系 Galal Walker(吴伟克)教授,是他提出的"体演文化"理论,重新让我思考"学习外语就是体演文化,只有学习参与另一种文化,才能实现交流的目的"的思想。旁听杨盛明博士和 Patrick McAloon(裴赟)博士的"中美关系"课程,其生动鲜活的案例教学,让我亲身感受到跨文化交际学的魅力和重要性。我还要感谢云南旅游职业学院外语学院旅游英语专业 2012 级到 2015 级的同学们,是他们的积极参与,跨文化交际课程的实验、体验和检验才成为可能,是他们的教学实践及效果反馈,促进了书稿的不断完善。最后我还要感谢云南旅游职业学院书记、校长张京龙先生为本书作序,感谢他对我本人寄予的厚望和给予本书的客观评价。感谢我的家人长期以来对我的鼓励与支持,尤其感谢我的儿子张可维为本书配画插图。本书在撰写中参考了大量的书籍和资料,在此向所有作者表示谢意。

受限于作者学识,本书自然有疏漏和不足,希望读者不吝赐教,以期来日改正。希望此书能作为引玉之砖,为我国跨文化交际教学实践做出微薄贡献。

安小可
2018 年 4 月 1 日于昆明

目 录

理论篇

项目一

跨文化交际
概述

> To know another's language and not his culture is a very good way to make a fluent fool of one's self.
>
> —Winston Brembeck
>
> "采取只知其语言不懂其文化的教法是培养流利大傻瓜的最好方法。"
>
> ——温斯顿·布瑞姆拜克

任务一　认识文化

【学习目标】

1.识记文化的基本概念。

2.了解不同的价值观、世界观对文化造成的不同影响。

3.了解群体取向与个人主义取向的差异。

【课程导入】

　　文化观念不同,使得文化在传播过程中就会发生矛盾冲突。电影《推手》就充分反映了中西方文化上的冲突。在电影中,退休的太极拳教授朱先生到移民美国的儿子家里安享晚年。而到美国后,由于东西方文化的差异,和儿子、美国儿媳妇以及混血孙子之间产生了一系列的矛盾冲突:价值观冲突、饮食文化冲突、子女教育方面的冲突等。可见,每个国家都有属于自己的文化,文化与文化间的迥然差异必然会带来个人行为和思想的不同。中国文化的核心是至情至性,而西方文化更讲求理性的梳理。无论哪种文化,没有好坏之分,也没有高低之别。但是,一个民族的文化意识、文化宽容对培养一个人的跨文化交际能力是非常重要的。

【学习任务】

一、文化的界定及来源

汉语中的"文化",即"人文"和"教化"的结合。"文"是指从认字识词开始的结构性知识积累,是以语言文字为起点的可以无限扩展于各个领域的知识积攒;"文"也指文德教化,具有人为加工、修饰等意义。因此,"文"既为文字,也具有文章、文采和博文的意思。而"化"具有改、通、造化等含义,是对人的教育过程,即教化于人的结果。文化专属于人类社会,是一个民族的生活形式和活动规范,这就是礼俗的基础,是人们在长期的生活和交往中慢慢感悟,逐步教化而形成的结果。(刘茜,2012)

西方"文化"一词来源于拉丁文 cultura,其意为耕种、居住等。法文的 culture,也具有栽培、种植之意,同时又引申为对性情的陶冶和品德的培养。这里的意思包含了从人的物质生产到精神生产两个领域。

在古希腊、古罗马时期,文化被理解为人们参加社会生活和政治生活的品质和能力。欧洲中世纪,文化曾为"祭祀"一类的术语所代替。文艺复兴和启蒙运动之后,文化成为与"野蛮""不开化"等词语相对立的概念。

文化是人类智慧和创造力的体现。不同种族、不同民族的人创造了不同的文化。文化具有民族特点,能反映出一个民族的精神风貌、思维方式和价值取向。文化并不完全抽象,它存在于特定的社会和民族当中,以语言、举止行为以及社会风气为载体,在生活的地域里,具有一定的意识形态。

18 世纪德国启蒙思想家赫尔德在《人类历史哲学的概念》中对文化的基本特征进行了以下阐述:其一,文化是一种社会生活模式,它的概念是个统一的、同质的概念,无论作为整体还是社会生活的方方面面,人的每一言每一行都成为文化无可置疑的组成部分;其二,文化总是一个"民族"的文化,它代表着一个民族的精华;其三,文化有明确的边界,文化作为一个区域的文化,它总是明显区别于其他区域的文化。可以说,这 3 个特征迄今一直被认为是关于文化理论的权威定论。

1871 年英国人类学家泰勒(E. B. Tylor)在其名著《文化的起源》(*Primitive Culture*)一书中提出了人类学意义上的文化的概念:文化是一个复杂的总体,包括知识、信仰、艺术、法律、道德、习俗及其他社会现象。后来人类学家维特·巴诺提出了一个综合性概念:文化是一群人的生活方式,即所有的习得行为和类型化的模式,这些模式行为是通过语言和模仿一代一代传承下来的。这个定义强调了文化与生活方式之间的关系,强调文化的后天习得性,文化传递的方式是语言和模仿。

中国著名学者胡文仲指出:"文化是人们通过长时间的努力所创造出来的,是社会的遗产;文化包括信念、价值观念、习俗、知识等,也包括实物和器具;文化是人们行动的指南;文化并非生而知之,而是后天所学会的;价值观念是文化的核心,可以根据不同的价值观念区分不同的文化。"

美国语言学家汉默莱(Hammerly)把文化分为信息文化、行为文化和成就文化。信息文化指一般受教育本族语者所掌握的关于社会、地理、历史等知识;行为文化指人的生活方式、实际行为、态度、价值等,它是成功交际最重要的因素;成就文化指艺术和文学成就,它是传统的文化概念。其中行为文化是最为隐蔽的文化,也是本书重点介绍的内容。(Hammerly, 1982)

二、了解世界观、价值观对文化造成的影响

世界观是人们对宇宙的本质与宇宙对整个人类环境影响的信仰系统。世界观反映了一个文化如何处理有关超自然、自然、人类本身与动植物界的本质问题。例如,东方人信仰心与体的合一,西方人信仰上帝主宰人类;东方人认为人与自然和谐一体,西方人认为人类生存之道在于征服自然;东方人认为经由冥思禅坐可以与宇宙合一,西方人认为行动与竞争才是正途。(德威特,2014)

在"天人合一"观念的指导下,中国人在思想意识、思维模式以及言语观方面都倾向于求整体、求笼统、求综合和知觉上重直觉。"天人相分"决定了西方人重分析和重逻辑的思维模式,以及求精确的言语观。"天人合一"和"天人相分"在构造东西方人的思维方式和民族性格方面起着决定性的作用。对交际风格、文学作品的风格、言语行为、语用规则、语篇结构等交际行为的影响也至关重要。

价值观是文化中最深层的部分,它是人们在社会化的过程中逐渐获得的。首先是在个人家庭中受到父母的教育,之后在学校中受到老师的教育,同时,邻居、朋友、兄弟姐妹也会给予个人各种影响。电视、电影、报纸杂志等大众传媒也时时刻刻施予个人强大的影响。价值观一旦形成,它将支配人们的信念、态度、看法和行动,成为人们行动的指南。价值观形成以后具有

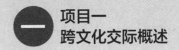

相对的稳定性,不会轻易改变。价值观虽然相对稳定,但却不是一成不变的。实际上,在社会发生巨大变化的情况下,人们的价值观往往也会随之变化。代与代之间在观念上的差异往往反映年轻的一代在价值观方面已经发生了变化。价值观与交际是支配和反映的关系。价值观决定人们如何进行交际。无论是语言交际、非语言交际,还是社会交往,无一不受到价值观的支配。

中国人比较喜欢以委婉含蓄的方式表达自己的意思,一般不喜欢正面冲突,为此西方人常常把中国人说成是"不可捉摸的"。实际上中国人并不是不可捉摸,而是重视人际关系的和谐。中国人之间这样做大家都理解,也都认可。但是,西方人不同。尽管他们也重视人际关系,但是,首要的是把事情办成(get things done),他们一般不能理解为什么中国人这样"绕圈子"。从表面上看,这是两种表达方式的差异,实际上却是两种价值观的冲突。电影《推手》中儿媳妇玛莎和朱老先生在对待子女的教育方面,不同的价值观反映了中西方价值观念的差异和冲突,例如当小杰米画出了一幅充满暴力色彩的漫画时,玛莎便亲吻他并且鼓励他。这说明美国父母在和孩子的相处中更愿意倾听孩子们的心声,尊重他们对世界的看法。美国文化强调尊重对方的个性发展,崇尚鼓励教育。相反,中国教育长期受儒家思想的影响,奉行体罚教育、服从教育,唯父母之命为大,子女只有服从。影片中当朱老先生看到美国动画片里充满暴力时会抱怨地说:"这个美国动画完全是怪力乱神,唯恐天下不乱,哪可以给孩子看?简直是鬼打架!"从爷爷的角度,他认为这些暴力血腥的动画会教坏孩子,不希望小孩子受到影响,这也是文化差异带来的不同看法,两种文化的差异说明了文化的多样性。

三、群体取向与个人主义取向的文化差异

群体取向指以家庭、社会和国家利益为重,个人利益在必要时可以忽略,可以牺牲。贾玉新指出,群体取向表现在做人胜于做事。在处理个人与集体或环境关系时,要"克己守道""贵有自知之明""循规蹈矩",经常考虑别人对自己怎么看、怎么想、怎么说。中国人是典型的群体取向,表现为:重面子,不愿得罪人;逢人说好话,有时说假话;稳中求进,一般可以在同一时间内做几件不同的事情。以人际关系和谐为重,准时或不准时是次要的事情。

个人主义取向指追求自由、差异;喜欢独处,追求个人享受,不仅包括个人物质利益的追求和满足,还包括个人意志、个性自由以及自我实现、自由进取的追求。其表现为各做其事,各展其才,各行其志,放任个性,自由发展。西方人是典型的个人主义。

影片《推手》集中体现了中西方的群体取向与个人主义取向的文化差异。朱老先生的儿子朱晓生为尽孝道,将退休后的父亲接来美国安度晚年。他希望一家人欢聚一堂,让父亲和儿子、孙子生活在一起,共享天伦之乐。而朱老先生也认为和儿子、孙子生活在一起是天经地义、理所应当的,这就体现了中国人根深蒂固的集体主义思想。在中国,"养儿能防老"的思想根

深蒂固,赡养父母也是儿女应尽的义务,是天经地义的事情。儒家思想对中国传统文化影响最大。儒家思想认为,人不是孤立地生活在一定关系之中,每个人要从全局和整体上来看待一切事物;凡事首先要想到别人,关爱他人,要摒弃私心杂念,要学会与他人和睦相处。在中国人的骨子里,人是众多复杂关系中的一员,所以有很深的集体主义观念。而在西方,父母和子女通常是分开居住的。孩子在18岁成年后,不再享受父母的照顾,而是独立进入社会生活。在美国同样如此,父母和子女的关系是相对独立的,无论在经济上还是情感上都不相互依附。西方更多地强调和注重个人主义,鼓励追寻个人自由,尊重个体差异与个性。成年人,甚至是小孩,都有自己的私人空间。影片中,美国儿媳妇玛莎给她的闺密说道:"自从老先生来到这个家后,占用了我的生活、生活空间和思想空间。"这就极度体现了西方文化中个人主义的思想。在西方,父母注重培养子女的独立精神,尊重个人的意思和想法,同时也看重和享受自己老年的独立生活。影片强调父母和儿女是独立生活的。这与西方、美国的历史有密切关系。美国是一个只有200多年历史的年轻国家,没有经历过封建社会。美国从一开始就是以资本主义精神立国的,资产阶级的自由、平等、博爱、追求个人成就和物质财富的观念深入人心。

【任务布置】

1.下面哪些词语描述了典型的中国文化价值观? 哪些词语描述了典型的美国价值信仰? 哪些词语既可以描述中国文化价值观又可以描述美国价值信仰?

①孝;②勤劳;③容忍;④随和;⑤谦虚;⑥忠于上司;⑦礼仪;⑧礼尚往来;⑨仁爱(恕,人情);⑩学识(教育);⑪团结;⑫中庸之道;⑬修养;⑭尊卑有序;⑮正义感;⑯恩威并施;⑰不重竞争;⑱稳重;⑲廉洁;⑳爱;㉑诚恳;㉒清高;㉓俭朴;㉔耐力(毅力);㉕耐心;㉖报恩与报仇;㉗文化优越感;㉘适应环境;㉙小心(谨慎);㉚信用;㉛知耻;㉜有礼貌;㉝安分守己;㉞保守;㉟要面子;㊱知己之交;㊲寡欲;㊳尊敬传统;㊴财富;㊵个人主义;㊶自由;㊷平等;㊸民主;㊹人道主义;㊺进步;㊻成就;㊼实际性;㊽重时间;㊾行动;㊿不拘礼节;51道德感。

2.阅读:

张岱年.中国文化概论[M].北京:北京师范大学出版社,2004.

赵林.西方文化概论[M].北京:高等教育出版社,2008.

3.小组讨论:从中西方价值观、饮食文化、子女教育等角度分析电影《推手》关于中西方文化融合与冲突的剧情,分角色表演相关情节片段。

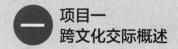
任务二　认识语言交际和非语言交际

【学习目标】

1.识记语言交际与非语言交际的基本概念。
2.能够区分不同文化手势和不同的体态语。

【课程导入】

随着全球一体化的发展,世界各国人民之间的交流越来越紧密,不同文化背景下的交际越来越复杂,所涉及的跨文化交际问题也日益凸显。在跨文化交际中,语言与文化、语言交际与非语言交际融为一体,不可分割。在电影《饮食男女》中,语言交际和非语言交际的效用得到了充分体现。电影中有这样一段台词:

Jia Chien:"I have to get home for the Sunday dinner torture ritual。"

其中"torture ritual"语言交际的效用充分表明在这种仪式性的聚餐背后,隐藏着当局者的痛苦。面对一桌丰盛的佳肴,主人公却食不甘味,整个家庭面临瓦解。而当即将出国的家倩在已经出售的老屋内掌勺烧了一桌菜,发现自己味觉恢复了的老朱激动地握住女儿的手,家倩从激动中醒悟过来,叫了一声"爸",父女俩深情对视,非语言交际中的体态语发挥了充分作用。可见作为文化的载体,语言交际和非语言交际在不同的文化语境中同样都起着重要的作用。

【学习任务】

一、交际的界定

维基百科这样定义交际:"交际即人与人之间的交往,通常指二人及二人以上通过语言、行为等表达方式进行交流意见、情感、信息的过程。"

在中国,学者们这样定义交际:"所谓交际即人类自身及互相之间传受(传送和接受)信息的行为或过程。"(张国良,2009)

"交际是双方经由交换符号,来建立依赖关系的相互影响的过程。"(陈国明,2003)

二、交际的方式

交际的方式可分为语言交际和非语言交际。(王才仁,1996)语言交际是人们用符号、声音、文字来交际;非语言交际是指姿势体态、表情、人体特征、环境等,并且语言交际与非语言交际总是配合进行的。

1.语言交际

语言交际是跨文化交际最主要的形式,语言交际顺利与否受到许多条件的制约,文化便是首当其冲的因素。因为语言是文化的载体,它随着文化的变化而变化,变化速度和趋向取决于社会生活、民族文化的转变和发展。对于多数人而言,日常交际中用到的都是当代语言,而当代语言与当代文化潮流密不可分。从微观上讲,随着时代的发展,人们能清晰地观察到不同年龄的人对同一事物的认知和界定是不同的,对新生事物、潮流文化的接受和催化作用也是不同的,这是一种代际间的跨文化交流;从宏观上讲,文化差异造成的不同地域的人之间的交际策略不同的现象屡见不鲜。文化是以动态形式存在的,由于文化背景不同,人们在交流中运用的语言形式、语言风格以及对词汇的理解都不尽相同。

语言属于广义的文化,同时,文化影响着语言,使语言为了适应文化发展的需要而变得更加精确和缜密。语言是文化的载体,亲属称谓是语言反映文化的一个突出的例证。英语中brother 的意思是"兄"或"弟",sister 的意思是"姐"或"妹",话语中没有一个字与它们完全相等。在中国文化中严格区分兄弟姐妹,因为"长幼有序"。英语中 uncle 一词相当于汉语中的"伯父、叔父、舅父、姨父、姑父",aunt 相当于汉语中的"伯母、婶母、舅母、姨母、姑母",这不仅反映了中华民族重视长幼顺序,而且重视血缘关系。

因此,在语言的诸因素中词汇最能反映一个民族的文化,尤其是在词语的内涵方面,两种语言之间的差异往往很大。除了词义方面的差异以外,在语用规则和语篇结构方面也有许多差异,这些差异大多与民族文化传统有关。文化直接影响了语言的表达方式。人们熟知的语法,更多地反映表达正不正确,而受到文化浸染的遣词造句,才是地不地道的决定因素。

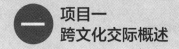

2.非语言交际

一切不使用语言进行的交际活动被统称为非语言交际,包括眼神、手势、身势、微笑、面部表情、服装打扮、沉默、身体的接触、讲话人之间的距离、讲话的音量、时间观念、对空间的使用等。美国跨文化专家萨莫瓦和波特研究发现,"在面对面交际中,信息的内容只有35%左右是语言行为,其他都是通过非语言行为传递的。"(Larry A,Samovar,2000)

非语言交际的类型可以分为体态语、眼神、手势、身势、触摸、副语言、空间语、客体语等。

体态语:指人们在进行交际时身体所传递出来的各种带有交际意义的信息,它包括体姿、面部表情、目光语、手势以及触摸等。据统计,人类可以做出的身体动作数量高达70多万种,它们无时不在传递着交流双方的心理和精神状态。体态语指的是用以同外界交流信息和感情的全部或部分身体的动作。英语中用body language等词组来表示。

眼神:西方人谈话时眼睛直视对方。而在亚洲和非洲的许多国家人们认为讲话时眼睛直视对方是不礼貌的;尤其是下级在听上级讲话时,下级眼睛向下看表示尊敬。和陌生人常常是目光接触后立即移开;如果与陌生人目光接触后迟迟不挪开视线,则有好奇、喜爱、感兴趣等含义。

手势:各民族都用手势表达一定的意义,但同一手势在不同的文化中却可以表示不同的意义。即使在同一民族中,由于地区习俗的不同,同一手势也可能会有不同的意义。例如在广东,主人在给客人斟酒时,客人为了表示感谢,用食指和中指轻叩桌面。而在北方,同一动作却表示不耐烦。有些手势是某一文化特有的,为了顺利交际,人们必须了解它们的意义。例如英美人所使用的一些手势就具有特殊的含义。

身势:南欧、中欧、拉丁美洲地区的人们讲话时动作较多,动作幅度也较大;北欧、英美人动作较少,幅度也较小。中国、日本、朝鲜也属于动作较少、幅度较小一类。有人戏称意大利人若是上肢做了截肢手术,就会讲不出来。调查显示,美国人的面部表情比亚洲人多,但是比拉丁美洲人和南欧人少。

触摸:有人将触摸分为5类,包括功能、社交、友爱、情爱、性爱。对于触摸的对象、范围、场合、形式,不同的文化有着不同的规定,如果处理不当,往往会造成尴尬甚至不愉快的后果。有的学者认为,气候暖和的国家多属于接触性文化,气候寒冷的国家多属于低接触性文化。接触性文化包括大部分阿拉伯国家、地中海地区、欧洲以及中东的犹太民族、东欧及俄罗斯人、印尼人以及西班牙血统的民族等;低接触文化包括北欧大部分国家、德国、英国以及东方国家。

副语言:指各种非语言声音。副语言也叫伴随语、类语言或辅助语言,是指各种有声而无固定意义的声音符号系统。在进行跨文化交际的时候,要注意的是在对待对方沉默的态度以及非语言声音方面的文化差异。副语言有较为明显的民族特征,比如阿拉伯人讲话声音普遍较高,并将这看作力量和诚意的象征,而泰国人和菲律宾人说话的声音近乎耳语,他们将此视为良好教养的表现。同样,意大利和阿拉伯语语速较快也是民族性的体现。副语言通过音调、音量、语速、音质、清晰度和语调起到言语的伴随作用。

空间语:空间成为一种交际手段,主要是因为不同的距离和方位以及身体姿势标志着交流双方不同的情感关系,进而影响到人们感情的表达。美国人类学家霍尔把人际交往的空间范围划分为3个区域,即:亲密距离(0~0.45米),适用于夫妻、父母与子女以及恋人之间;个人距离(0.46~1.22米),适用于朋友、熟人和亲戚之间;社交距离(1.22~3.66米)适用于一般的熟人。公共座位的安排也是客体语的表现之一。另外,在建筑装修与室内设计中,中英建筑的一个明显的对比是:中国极为重视房屋的朝向,都要尽量坐北朝南,以保证充分摄取阳光,中国的寺庙也都是坐北朝南;而英语国家的圣坛都是向着耶路撒冷。

西方人对于做任何事情都要严格遵守日程安排,一次只做一件事,严格遵守约会时间,不能失约。东方人大多缺乏准确日程安排的习惯,同时与几个人谈话或办几件事,不重视预约。有时约定了时间之后,来访者可能到时不来,接待者也可能到时不在。

客体语:客体语一般指人工用品,包括化妆品、修饰物、服装、衣饰、家具以及其他物品。从交际角度看,这些物品都可以传递非语言信息,都可以展示使用者的文化特征和个人特性,如皮肤颜色的修饰、身体气味的掩饰、衣着和化妆,它可以反映一个人的性别、年龄、民族、地位、团体、职业、个性、爱好、价值观等。

三、商务活动中非语言交际的表现形式及作用

人类交际是语言交际和非语言交际的结合,非语言交际是整个交际中不可或缺的部分。一方面,脱离非语言配合的、孤立的语言交际难以达到有效的交际目的;另一方面,非语言交际只能在一定的语境中才能表达明确的含义。但人们往往注重语言因素对交际产生的影响,忽略了非语言因素的重要性,从而导致非语言交际冲突和障碍。萨莫瓦尔认为:"文化与非语言行为密不可分,许多非语言行为都是文化习得的结果,人们的非语言行为的形成和效果往往都由一定的文化环境所决定。"(Larry A.Samovar,2000)

因此,了解非语言行为与社会文化习俗之间的关系至关重要。每一种文化都有自己独特的非语言行为,一种文化的非语言含义可以像它的语言一样具有独特性。研究结果表明,在实际交际过程中,文化背景制约着非语言行为的内涵。在跨文化交际中,交际双方需要根据具体的文化语境进行交际,文化不同,交际行为互有差异。商务交往也各有不同的交际规范,例如,在商务交际中,应当注意体触的方式以及体触行为与人际关系的文化差异,谈话双方身体接触多少因文化不同而各异。中国人的特点是体触频繁,但是在泰国,人们不喜欢与不熟悉的人有身体上的接触。在印度尼西亚,人们见面时没有任何身体上的接触。在马来西亚,接触行为不频繁,坐着或站着的时候,通常和别人保持一臂长的距离,拍别人的后背或是抓别人的胳膊都是不适宜的。在中国,摸摸、拍拍或亲亲孩子的头部表示亲近和爱抚,但是东南亚的柬埔寨、泰国、老挝、缅甸等国家非常重视头部,视头部为灵魂的寓所,触摸他们的头会置他们于危险的境

地。这些国家重视头,鄙视脚,认为头很高贵,脚不干净。在新加坡,双腿交叉时,不能让鞋底对着别人,也不能用脚接触东西或者移动东西。

在中国,点头表示"是",摇头表示"不",而在马来西亚和印度尼西亚的部分地区,摇头却表示"是"。在中国,拍拍别人的肩膀是一种表示鼓励、肯定或安慰的友好行为,而在泰国,人们讨厌生活中拍拍打打的举止,认为这是不礼貌的。泰国人和柬埔寨、文莱、印度尼西亚、马来西亚人一样,认为右手干净,左手污秽,用餐或传递东西时使用左手,都属于失礼行为,在递给他人物品或交换名片时宜用右手或双手。

在国际商务交往中,了解他国的商务礼仪,事事合乎礼仪,处处表现自如、得体,会使商务交往更顺利,事半功倍。各国多元复杂的商务礼仪增加了在国际商务交往中出现文化冲突的可能性,要想有效地克服并解决商务活动中的文化冲突和障碍,必须增强跨文化意识,并增加对各国商务礼仪的了解。例如在泰国,汽车的后座是上座,主人请客人上车时,应让客人和主人一起坐在汽车后座上。在国际商务活动中,语言并不是唯一的手段,非语言手段也会向对方传递信息。由于历史与文化习惯不一样,各国非语言行为的含义差异很大,均有其独特性及民族多样性。因此,了解不同文化背景下的非语言行为是商务活动顺利进行的保障。

【任务布置】

1.下图分别表示什么意思?

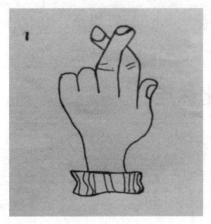

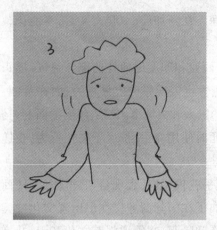 

答案提示1:把中指放在食指上,做有点像十字架的交叉状。十字架在西方代表上帝,所以 cross one's fingers 有"祝福""祈求好运"的意思。

答案提示2:谈论第三者时,半开玩笑表示这个人疯了。

答案提示3:我不知道。

答案提示4:我听不见。

2.阅读:

皮斯,等.身体语言密码[M].王甜甜,黄佼,译.北京:中国城市出版社,2009.

3.小组讨论:从爱情观、家庭伦理观及饮食文化等方面分析电影《饮食男女》中关于语言交际与非语言交际的剧情,并分角色表演相关情节片段。

任务三 认识文化休克

【学习目标】

1.识记文化休克的基本概念。

2.能预判和避免不同文化成员之间在文化休克过程中出现的误解。

【课程导入】

"文化休克"一词最早是由美国著名人类学家奥博格(Kalvero Oberg)于1958年提出的,它

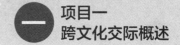
是指一个人初次进入不同于母语文化的全新文化环境后产生的心理上的不适应。当一个长期生活于自己母国文化的人突然来到另一种完全不同的、新的文化环境中时，他在一段时间内常常会出现文化休克的现象。文化休克常见于移民当中，或者是在一个社会内不同文化背景的民族因文化和生活环境发生根本性改变的时候。在电影《幸福终点站》中，主人公维克多·纳沃斯基（Viktor Navorski）来自一个东欧小国，他为了完成父亲的遗愿来到美国纽约，却因为自己的国家发生政变成为无国籍人士。在滞留于肯尼迪机场9个月的时间里，他经历了文化休克：从最初的焦虑、恐慌、不知所措到逐步掌握语言、与机场工作人员成为朋友、在机场赚钱甚至得到一位美丽空姐的青睐。维克多的勤劳、诚恳、踏实与执着最终赢得了异国文化里人们的认可。

当然，文化休克并不是一种疾病，而是一个学习的过程、一种复杂的个人体验。虽然在此期间自己可能会产生某种不舒服甚至痛苦的感觉，但它不会以同样的方式影响所有的人，甚至对同一个人在同样环境的不同时期也有着不一样的影响。因此，对于那些将要或已经处在异文化区域中的人来说，既然社会环境是个体一时无法改变的，那么，就应该学会自我的文化调适。

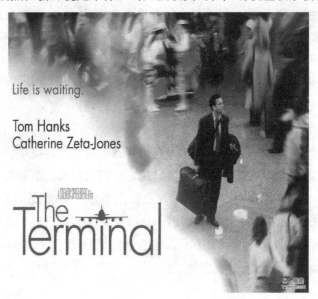

【学习任务】

一、文化休克的类型

文化休克的类型有：语言休克（Language Shock）（不熟悉目的语的语言，可能造成语言休克）；角色休克（Role Shock）（指个人因为环境的更换，原来的个人地位突然消失了的失落感）；转换休克（Transition Shock）（指个人为了配合新环境做出了巨大改变时，所承受的压力和痛苦）；教育休克（Education Shock）（专指国际学生在学习时，对教育系统与学校生活的适应过

程）。（M.Agar,1994）

二、文化休克产生的原因

文化休克源于原有文化模式的根深蒂固,当一个人面对新的文化形态时,如果他还以原有文化作为认识和评判现有一切现象与行为的标准,就必定会产生文化休克的现象。例如,在电影《幸福终点站》中,当维克多在电视新闻中看到自己祖国发生政变时,他惊慌失措地环顾着周围陌生的人群,泪水夺眶而出,这才真正意识到自己的处境,此时的维克多正处于文化休克的危机期。他语言不通又不懂得如何使用公用电话,站在来去匆匆的人群中,找不到一个可以相助之人,这才发现自己原来并不属于这里,最初美好的憧憬成为苦恼的现实。他弄坏了别人的行李箱,又弄丢了自己的餐券,焦急、困惑、沮丧、无助而又孤独,面临着在一个陌生而又困难的环境中生存的挑战。

三、经历文化休克的 5 个阶段

文化休克的发生往往不是一蹴而就的,而是由一系列的阶段组成的。文化人类学家Kalvero Oberg 将跨文化适应分为 4 个阶段:蜜月期、危机期、恢复期和适应期。在从最初的蜜月期过渡到危机期后,文化个体将体验到"文化休克"。而在恢复期与适应期,受到多重因素的影响,个体又将倾向于不同的文化适应策略与方法,产生不同的文化适应行为,即蜜月阶段、敌意阶段、恢复阶段、适应阶段及和谐阶段。（M.Agar,1994）

1.蜜月阶段

蜜月阶段又称潜伏阶段。在这一阶段,人们初到崭新的文化环境中,对周围的一切都充满了欣喜和好奇,异域的一切事物都令他们心情愉悦。他们对新奇的事物着迷,渴望展开一场轰轰烈烈的异域之旅。电影《幸福终点站》的主人公维克多怀着实现父亲临终遗愿的梦想,从家乡斯洛文尼亚只身来到美国纽约,他对崭新的一切既好奇又兴奋。他内心是激动万分的,即使被机场警卫拦在旅客登机等候栏里,他还不忘仔细地刮了刮胡子,打好自己的领带,为跨入纽约这个伟大的城市而紧锣密鼓地做着准备。

2.敌意阶段

敌意阶段的出现意味着跨文化交际的参与者遇到了一些挫折和麻烦,如沟通障碍导致不能很好地理解彼此。通常,这一阶段伴随着焦虑、挫败感甚至失望。例如,电影《幸福终点站》的主人公维克多被告知自己既不能踏入纽约半步,也不能回家,他成了一个没有任何权利的、不被任何国家接受的人。他不懂英语,所带的本国货币已经失效,唯一的几张食品券也被卷进清洁工的垃圾箱内。他寄希望于能用机场发送的一张 15 分钟电话卡和家里取得联系,却无法用英语来清楚地表达。那一刻,维克多无助地站在来来往往的人群中,神情迷惘而失望。

3.恢复阶段

恢复阶段的出现以对崭新文化有了初步了解为特征。参与者的心中产生新的愉悦感,不

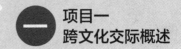

再沉溺于迷惘之中，内心逐渐获得平衡，甚至对何去何从有了方向感。电影《幸福终点站》的主人公维克多熬过了内心短暂的痛苦，开始了解这个机场范围内浓缩的美国文化。他识破了弗兰克的诡计，从此真正地在机场驻扎下来。他开始夜以继日地学习英语，还靠为旅客整理行李车架来维持温饱。维克多不再困惑，也不再坐以待毙，而是以全新的视角打量这个充满美国文化的角落。

4.适应阶段

文化休克是文化适应的必经阶段。其积极的意义在于提高对迥异的生活方式、价值观的忍耐程度，增强跨文化意识并促进人际交往能力，给个体提供认识自我的机会，并有可能使其成为多元文化者。在实际生活中，文化休克同时受到身体和精神因素的影响，表现在言语行为与非言语行为两个方面。影片中维克多在遭遇文化休克后，没有气馁或者不知所措，睡在拼凑一起的两排椅子上成为他开始调整、恢复甚至适应异国文化的起点。

5.和谐阶段

最终的和谐阶段是指参与者成功地融入两种文化之中，既对本国文化感到自豪，又对异域文化驾驭自如。参与者在内心形成一套新的价值评价标准，对是非对错能够做出正确的判断。在电影《幸福终点站》中，主人公维克多自从机智正义地站出来帮助了俄罗斯人德拉多维奇，维克多所代表的外来文化受到了人们的尊重。虽然以弗兰克为代表的美国文化对维克多歧视、冷漠和不屑，维克多在这里也得到了以古普塔、古鲁兹、艾米利亚等为代表的人们给予的温暖和帮助。沟通没有障碍，理解得以达成，维克多和肯尼迪机场的和谐共处体现了不同文化之间的和谐互融。

四、文化休克的应对措施

文化休克期间可能会产生不舒服甚至痛苦的感觉：情绪低落、沮丧、失望，对一切都失去兴趣；心烦意乱和失眠；不愿参加社交活动、不愿上学或上班，常闭门在家。当遭遇文化休克，并因此而产生"恐外症"的时候，人们不仅需要具有个人的自尊、真诚与信心，而且还需要保持健康的自我意象和重塑个人文化需求的良好愿望。这样虽然不能阻止文化休克的再度发生，也无法一时摆脱"恐外症"的出现，但至少可以减缓、适应压力。从某种意义上说，文化休克现象是一种对新文化的体验和心理感受。

面对文化休克，在动身来到异文化之前，有必要对即将接触到的异文化进行一定的了解。文化是多样的，每一种文化都有其独特之处，深入发掘，学着欣赏，你一定会收获无穷。树立世界眼光，放宽自我心态。参与者需要学会尊重这个世界多样的文化，承认文化的地域性、民族性和多元化，以宽阔的胸怀和博大的胸襟来容纳其他民族文化。提高自身心理素质，养成乐观、豁达、开朗和积极进取的良好心态，面对现实，接受困难和挑战，调整自身情绪和行为模式。来到新环境应该有一种从头开始的态度，抛弃传统角色的影响，以积极的心态接受和适应新环境,凡事要尽最大努力,作最坏打算。遇到心理问题,应主动寻求专业心理咨询师的帮助,消除不良情绪,使身心平衡、愉快。文化休克是一种心理现象和心理过程,人们需要从自身心理条件出发,作出一定的预防和应对,积极寻求自身身心平衡的调整,学会适应和换位思考,多与人交流沟通,达成理解。

[案例]

今年45岁的白女士,去年从美国回到国内。她告诉记者:"我和丈夫之前在国内做餐饮生意,后来受朋友影响,最主要也是考虑到孩子,全家移民到美国。刚去时,确实感受到了那个国家很多先进的地方和健全的制度,但是随着时间的推移,一种排解不了的寂寞占据着自己。"白女士说,"每天走出房子,大街上空空荡荡的,几乎没有什么人。我的语言功底还算可以,但即使这样,也不能真正地融入当地人的生活中。后来,每天盼着丈夫和孩子回来,几乎成了我一天中唯一值得兴奋的事情。在国内,我还算是比较能静得下心来的人,但是到了那里,整个社会的安静让我感到恐惧。我开始抵触和抗拒那种寂寞,我觉得自己可能是患抑郁症了,频繁地去看心理医生。直到去年,征得了丈夫的同意,我们才回国。"

(《新商报》2011年11月23日)

分析:移民是适应障碍的高危人群,白女士正是这一移民群体中的一员。她从熟悉的环境移居到一个全新的地方,经历着语言、生活习惯和文化的彻底改变,与原有的社会支持系统解体,这些构成了"文化冲击",甚至是"文化休克"。由于无法应对这种心理刺激,白女士不能成功地调整自己,就可能心理崩溃,出现像"适应障碍"这样的心理疾患。

知晓了文化休克和适应障碍的存在,就可以有意识地预防。移民经受"文化冲击"是难以避免的现象,要克服这一障碍,首先对自己要有一个清晰的身份认同,要清楚和肯定自己的民族、身份和文化。也要知道自己为什么移民,移民后想做什么、得到什么。只有对这些问题有坚定的想法,才不会在别人的文化里迷失自己,也不会在遇到困难的时候太过脆弱。最好的态度,也是现在大多数移民所采取的态度,就是既认同自己的文化,也吸收新文化的精华;既保留优良传统,也接受西方文化先进的地方,并把我们的优秀文化传播到西方。持这种心态的人,适应得较好。

【任务布置】

1.阅读:
蔡荣寿,金芳颖.文化休克与返乡文化休克[M].北京:中国社会科学出版社,2016.
2.小组讨论:在电影《幸福终点站》中哪些剧情表现了维克多对文化休克的抗争?分角色表演相关情节片段。

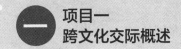

任务四　跨文化交际能力的培养

【学习目标】

1.识记跨文化交际的概念。
2.了解跨文化交际学的发展历程。
3.了解构成跨文化交际能力的要素。
4.了解造成跨文化交际障碍的几种情况。
5.了解培养跨文化交际能力的重要性。

【课程导入】

　　我们处在一个多元文化日益交融的时代,经济全球化推动着不同文化背景的人的密切往来、交涉沟通,以实现自身的利益,这样的沟通就属于跨文化交际。文化不仅指一个种族共同的文化,一个国家的主流文化,还包括很多种亚文化,比如美国国内美籍西班牙人的文化,美籍墨西哥人的文化和黑人文化等。此外,由于阶层和教育背景的不同,产生了诸如性别文化、白领文化等。可以说每一次人际间的交往都是一次跨文化交流,不过是文化差异大小的问题。文化的核心是价值观,我们据此判断是非善恶、好坏对错。每个人都在无意识地任凭自己的文化模式和价值观体系去过滤他人的举动,得到的往往是"无法理解"的零碎的文化表象和文化符号。不理解就会产生不确定和恐慌不安,跨文化交际能力就是避免发生这些不安的一剂良药。影片《撞车》上演了一幕幕由于缺乏跨文化交流意识和跨文化沟通能力而导致交际失败的故事。这部影片以美国当今社会为背景,描写了各个种族之间的误解、偏见和歧视。电影并没有简单地纠结于白人和黑人之间的矛盾,而是扩大到白人对黄种人的"欺上凌下",黑人之间、墨西哥人和波斯人、白人和墨西哥人以及黑人和黄种人之间的不同种族冲突,展示了多元化的种族歧视在美国洛杉矶造成的一系列连锁反应。

　　文化差异可能产生众多的交际失误、障碍、矛盾和冲突。要避免跨文化交际中的众多问题,更多地要从文化观念和价值观念入手,对这些问题进行分析,更合理地分类,并加以概括,寻找克服这些问题的指导原则。

【学习任务】

一、跨文化交际的界定

"跨文化交际是指不同文化背景的信息发出者和信息接收者之间的交际。从心理学的角度讲,信息的编码、译码是由来自不同文化背景的人所进行的交际。"(贾玉新,1997)在英语术语 Intercultural Communication 的汉译中,语言学界和外语教学界多译为"跨文化交际";心理学界多译为"跨文化沟通";传播学界多译为"跨文化传播"或"跨文化传通";文化人类学界则常译为"跨文化交流"。

二、跨文化交际学的发展历程

1.20 世纪 60 年代跨文化交际学的起源

第二次世界大战后的美国成为跨文化交际研究的发源地,主要是因为其经济快速发展,成为唯一的军事及经济大国。这时的美国成为具有多样性的多元文化社会,对外交往、日常生活都必不可少地对跨文化交际进行关注。而对于跨文化交际学,人们普遍把 Edward Hall 的《无声的语言》(The Slient Language)看成跨文化交际学的开端。Hall 首次在《无声的语言》中提出"跨文化交际学"这一概念,标志着跨文化交际学的创立。Hall 首次使用了 Intercultural Communication(跨文化交际)这个词,在书中他对文化与交际的关系给予了关注,并对时间、空间与交际的关系进行了深入的探讨。

2.20 世纪 70 年代跨文化交际学正式成为传播学分支

1970 年,跨文化交际学正式成为传播学的一个分支,这体现在:成立了各式独立的研究协会;第一届跨文化交际学会的召开;学术刊物与著作的发表,如:Johnndon 与 Fathi Yousef 合著

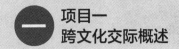

的《跨文化交际学入门》(*An Introduction to Intercultural Communication*);大学跨文化交际课程的出现。20 世纪 70 年代的跨文化交际成为一个学术界重视的论题,具有多学科的性质。对其影响较大的是人类学、心理学和传播学,并逐步引入到其他学科中。(关世杰,1995)

3.20 世纪 80 年代新理论、新模式的产生

20 世纪 80 年代的跨文化交际有了进一步的发展,其领域已经拓展到社会语言学、语言人类学以及各种跨文化培训。在欧洲,跨文化交际学被确立为一门独立的学科。

4.现阶段新趋势

现阶段的跨文化交际学较为重视学科理论与研究方法的讨论,对理论的夯实以及对跨学科的运用成为现阶段跨文化交际研究的主流。

5.国内相关研究现状

跨文化交际学在我国的发展可以追溯到 20 世纪 80 年代,虽然发展时间较短,但发展较快。20 世纪 80 年代初,跨文化交际学由外语教学界引入国内,研究重点在于外语教学中的跨文化差异以及语言与文化的关系。学术界一般认为,许国璋于 1980 年在《现代外语》第 4 期上发表的题为"Culturally-loaded Words and English Language Teaching"一文,标志着跨文化交际学在中国的诞生。之后何道宽(1983)发表《介绍一门新兴学科——跨文化交际》与《比较文化之我见》,率先向国人介绍了这门新兴学科的理论、基本内容与研究方法。20 世纪 90 年代,我国学者大量撰写跨文化交际学的著作,我国的跨文化交际学成为一门独立的学科。从 1995年开始,国内相继出版了多部由中国学者撰写的"跨文化交际学研究"的学术专著,其中影响较大的有关世杰的《跨文化交流学》(北京大学出版社,1995)、王宏印的《跨文化传通》(北京语言学院出版社,1996)、林大津的《跨文化交际研究》(福建人民出版社,1996)、贾玉新的《跨文化交际学》(上海外语教育出版社,1997)、胡文仲的《跨文化交际学概论》(外语教学与研究出版社,1999)和顾嘉祖的《跨文化交际》(南京师范大学出版社,2000)。跨文化交际学在我国的引进还表现在以下几个方面:外国跨文化交际学的名著在国内翻译出版, 如 L.A.Samovar 等著的《跨文化传通》(陈南等译,三联书店,1988)、跨文化交际学的奠基人霍尔的《无声的语言》(刘建荣译,上海人民出版社, 1991)、S.Mortenson 的《跨文化传播学:东方的视角》(关世杰等译,中国社会科学出版社,1999)等,这些译著的出版对该学科在国内的传播与发展起到了积极的推动作用。(李炯英,2002)

三、构成跨文化交际能力的要素

美国教育心理学家本杰明·布鲁姆(Benjamin Bloom)提出跨文化交际能力由态度(attitude)、知识(knowledge)与技能(skill)构成。

跨文化交际能力概念中所包含的"态度",主要是指对交际对象不同于自我的观念、价值观与行为的看法和表现。为达到互相沟通的目的,交际者需要对交际对象的社会文化持有好奇与开放的心态,有意识地发现其他文化的特征,并主动通过与交际对象的接触与社交加深对它们的认识。

交际场合需要的社会文化知识包括两方面:一是本人与交际对象的国家或民族的社会文化知识;二是在交际过程中如何根据实际需要恰如其分地运用已学的社会文化准则控制交际进程的知识。

学习者需要掌握的社会文化技能包括两方面:第一种技能是在接收信息以后,根据已掌握的社会文化知识对信息进行分析,以达到理解与说明的目的;第二种技能是在此基础上发现新信息,将它们连同第一种技能处理的(即已理解的)信息一起提供交际使用。这两种技能的结合使已掌握的社会文化知识得以运用到交际中。

四、造成跨文化交际障碍的几种情况

造成跨文化交际障碍的情况主要有:

1.刻板印象(stereotype)

刻板印象(stereotype)的定义:对一群人过度简单、过度概括或夸张的看法。

刻板印象的特征:以最明显的特征加以归类。

刻板印象可能是基于事实的一种陈述,但是因为过度的简化与夸张,结果往往扭曲了事实,而且大部分变成了负面的印象,常常形成跨文化沟通的障碍。

2.文化偏见(prejudice)

文化偏见的定义:偏见是以事先所作出的决定或先前的经验为基础的判断。文化偏见是对某一群体文化持否定的态度。著名语言学家 Van Dijk 认为,偏见是一种态度;偏见是针对一群人的态度;偏见对自我族群提供社交性的功能;偏见是一种负面的评断,如种族歧视、制度歧视、人身攻击、灭族等。在影片《撞车》中,黑人小伙安东尼不断地向他的伙伴彼得灌输他从各种小事中发现的种族歧视。在餐厅吃饭时,黑人要比白人多等上几倍的时间,黑人服务员热情地为白人顾客服务,却对黑人很冷淡等。

3.民族/群体中心主义(ethnocentrism)

民族/群体中心主义的定义:民族/群体中心主义是对交际影响较大的一种心理因素,是人类在交际过程中的普遍现象。人们会无意识地以自己的文化作为解释和评价别人行为的标准,习惯把自己的文化当作观察别人行为的窗口,其结果是会无意识地认为自己的行为是正确的,或是有道理的。民族/群体中心主义会导致交际失误,甚至会带来文化冲突。美国社会学家(William Graham Summer)认为,民族/群体中心主义是指某个民族把自己当作世界的中心,把本民族的文化当作对待其他民族时的参照系,以自己的文化标准来衡量其他民族的行为。民族/群体中心主义认为自己民族或群体的价值观念、社会规范、社会语言规则等要比其他民族或群体更加真实和正确。可以说,世界上任何民族、任何文化、任何群体的成员都常常不自

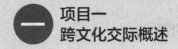

觉地表现出不同程度的民族/群体中心主义。

4.刻板印象、文化偏见、民族/群体中心主义与跨文化交际的关系

刻板印象、文化偏见、民族/群体中心主义常常阻碍跨文化交际的发生,尤其是偏见和民族/群体中心主义。它们成为跨文化交际的消极因素,把跨文化交际的效果降到最低程度;而当偏见和民族中心主义非常强烈的时候,人们会在交往中用言语或非言语行为表示对其他群体的厌恶,从而导致公开的对抗和冲突,而定势也会产生消极作用。美国心理学家奥尔波特和埃米尔认为消除偏见和民族中心主义的方法是:在交往中建立平等的地位,建立共同的目标,相互合作而不是竞争;在尊重彼此的法律和习俗的基础上互相交往;亲密而不是表面上的接触;产生令人愉快而有益于双方的成果;共同参与重要活动;创造有利的社会气氛等。

五、培养跨文化交际能力的重要性

跨文化交际能力是在理解、掌握外国文化知识与交际技能的基础上,灵活处理跨文化交际中出现问题的能力。通过对文化态度、文化观念以及跨文化交际心理的探讨,形成平等、尊重、宽容、客观的跨文化观念。

21世纪人才必备的一项能力就是跨文化交际能力。随着经济全球化、多元文化、国际活动和国际合作与交流的发展,培养跨文化沟通能力显得十分重要。

教育部于2007年9月26日公布了修订后的《大学英语课程教学要求》,在教学性质和目标中指出:"大学英语是以外语教学理论为指导,以英语语言知识与应用技能、跨文化交际和学习策略为主要内容,并集多种教学模式和教学手段为一体的教学体系。其目标是培养学生的英语综合应用能力,特别是听说能力,使其在今后的学习、工作与社会交往中能用英语有效地进行交际,并增强其自主学习能力,提高综合文化素养,以适应我国社会发展和国际交流的需要。"由此看出,应将跨文化交际能力的培养列入教学目标中。当今社会不仅要培养学生的语言交际能力,更要培养具备跨文化交际意识及跨文化交际的策略能力及调试能力的符合社会需求的人才。

构建大学生合理的跨文化交际能力,就是培养其认识到母语文化与异国文化的异同,需要从多重角度判断和理解这些文化,形成对文化的科学信念与态度。跨文化交际能力的自我培养是长期的内化过程,需要注意四点。

1.适当的"移情"

站在对方的立场上考虑问题。"移情"是主要的沟通技巧,懂得"移情"的人在跨文化交流中思想开朗,懂得互享信息,对文化差异的理解有着强烈的意识。

2.培养跨文化敏感性

主动去了解、欣赏和接受异质文化。抛弃民族中心主义,善于找出交流双方文化的相似之处并打开话题。

3.提高文化适应性

英语中有句古语:"When in Rome do as the Romans do."(入乡随俗。)在交际中灵活地把握情景和语境,适时改变自己的行为方式以适应情形的变化。

4.获取文化背景知识

能力是基于基础知识之上的,了解别人的文化背景才能在沟通中游刃有余。文化背景知识主要包括社会历史、价值观念、思维方式和文化习俗。出国人士在了解了当地的文化后,就不会有措手不及的陌生感。跨文化交际能力的培养,离不开对其他民族文化底蕴的认识与了解。只有充分了解并尊重合作方的历史文化背景,才能有效地避免文化冲突。

【任务布置】

1.一位美国同事感冒了,中国同事表示关心,下面的对话反映了美国人的哪些性格特征?为什么中国同事的关心没有得到认可?

Chinese:You look pale. What's the matter?

American:I'm feeling sick. A cold, maybe.

Chinese:Go and see a doctor. Drink more water. Did you take some pills? Chinese medicine works well. Would you like to try? Put on more clothes. Have a good rest.

American:You are not my mother, are you?

[答案提示]

美国人比较看中个人的独立性,受人照顾往往被视为弱者。给对方出主意或提建议时,不能使对方认为自己小看他的能力。美国人对上面第一句话的反应通常是"Take care of yourself. I hope you'll be better soon."不必教人怎么做。中国人则以出主意、提建议表示关心,而且以兄弟姐妹或父母亲人的口吻,或以过来人的口气,这对美国人是行不通的。对病人表示关心,不必尽提建议。

2.阅读:

托马斯·弗里德曼.世界是平的:一部二十一世纪简史[M].长沙:湖南科学技术出版社,2006.

思考:21世纪初期全球化的过程是如何产生的?

3.小组讨论:运用跨文化交际知识分析电影《撞车》中的剧情发展。请举例说明这部电影中哪些情节体现了种族歧视、人性冲突、文化价值、信任危机、信仰分歧的现象。分角色表演相关情节片段。

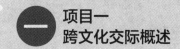

任务五 认识跨文化交际与"一带一路"的关系

【学习目标】

1.识记"一带一路"的基本概念。
2.了解"一带一路"视阈下跨文化交际能力培养的重要性。
3.了解"一带一路"背景下跨文化交流的问题与障碍。
4.了解"一带一路"背景下成功实施跨文化交流的策略。

【课程导入】

"一带一路"是新时期我国顺应国际国内社会经济发展需要提出的重要发展倡议。由中宣部、国务院新闻办"纪录中国"传播工程重点立项,中央电视台倾力打造的大型纪录片《一带一路》历时一年,呈现中国与沿线国家在基础设施互联互通、经贸金融产业合作、人文交流、生态合作等方面的重要进展。在此过程中,跨文化交流是一个重要环节,它关系着"一带一路"建设的质量和速度。

【学习任务】

一、"一带一路"的含义

"一带一路"(the Belt and Road,英文缩写是"B & R"),是指"丝绸之路经济带"(the Silk Road Economic Belt)和"21 世纪海上丝绸之路"(the 21st Century Maritime Silk Road)。2013 年 9 月 7 日,习近平主席在哈萨克斯坦纳扎尔巴耶夫大学的演讲中提出了"丝绸之路经济区"的构想;2013 年 10 月 3 日在印度尼西亚国会的演讲中提出了"海上丝绸之路"的倡议;2014 年

11 月的亚太经合组织(APEC)会议上,他将这两个概念合并为"一带一路",即"丝绸之路经济带"和"21 世纪海上丝绸之路"。"一带一路"建设将贯穿亚欧非大陆,一头是活跃的东亚经济圈,一头是发达的欧洲经济圈,中间是发展潜力巨大的腹地国家。

二、"一带一路"建设中跨文化交际的重要性

随着经济全球化进程的加速,跨国、跨文化交往活动日益频繁,不同文化背景的人们跨国往来与日俱增,跨文化交流变得日益重要。在"一带一路"建设过程中,面对众多国家几十上百种文化,积极开展跨文化交流十分关键。一方面,它能增强政治互信,让所谓的"新殖民主义"阴谋论不攻自破;另一方面,又能让中国产品、中国企业成功地"走出去",实现与有关国家的经济融合。

三、"一带一路"背景下造成跨文化交际障碍的因素

"一带一路"沿线分布着大大小小众多国家,涉及东南亚、南亚、中亚、西亚、北非、中东欧等广大地区,每个国家都有属于自己的语言文字、文化传统、风俗习惯。以语言为例,世界上有九大语系。其中七大语系分布在"一带一路"沿线国家中,这七大语系中又分为若干个语族,每个语族中又包括多种语言,即便是同一个国家都有可能使用多种语言作为国语,比如新加坡,其国语就有英语、马来语、汉语、泰米尔语。整体而言,印欧语系的斯拉夫语族和乌拉尔语系的闪米特语族(阿拉伯语)是"一带一路"沿线各国使用最多的语言,但仅斯拉夫语族中就包含了 10 多种语言。从目前我国外语人才培养的情况来看,大多集中在英语、法语、德语、日语、朝鲜语、阿拉伯语等常见语种上,缺乏精通中亚国家、东南欧国家等语言的人才。"一带一路"建设是中国企业和产品走出去的重要途径,但是语言交流上若是存在障碍,那经济、文化的交流会受阻,所谓"一语不通,寸步难行"。这种语言交流上的困难,正是由"一带一路"沿线国家复杂多样的语言文字所造成的。

四、"一带一路"背景下成功实施跨文化交际的策略

1.尊重各国人民的文化传统

"一带一路"是世界文明交汇区域的集合,其中每个国家(地区)不分大小强弱,都有平等发展自己文化的权利。因此,在"一带一路"的交流过程中,首先必须正视沿线各个国家(地区)的文化多样性和特殊性。如前所述,"一带一路"沿线分布着中华文明、基督教文明、伊斯兰文明、印度文明等,各种文化不但各具特色,而且丰富多样。一个世界不能只有一种声音,也不能只有一种文化和一种宗教,各种文明都是人类长期发展积累的战果,是各民族人民勤劳、智慧的结晶。因此,存在于这个世界上的各种文明不应有高低贵贱之别,也不应受到人为地割裂或敌视。在承认文明、文化多样性和独特性的基础上,尊重各国人民、各族人民选择自己的政治制度、经济制度的权利,旗帜鲜明地反对以一种文明去反对另一种文明的行为,反对各种

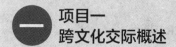

文明长期发展必然导致冲突局面的错误观点。从古"陆上丝绸之路"和"海上丝绸之路"的发展进程来看,正是各种异域文化与中华文化的广泛交流融合,才有了中国文化的丰富多彩,同时也正是中华文化在走出去的过程中积极与当地文化交流融合,也才有了中华文化在东亚、南亚和东南亚,以及更远地区的生根发芽,形成了"你中有我,我中有你"的交融互动。当今,我们既要传承我国与"一带一路"沿线各国的传统文化交流成果,又要积极建设以合作共赢为基础、和谐世界为核心的新型国际关系,共同推进世界文化进步,维护世界文化的多样性,捍卫世界和平。(岳喜华,2017)

2.讲述好中国故事,传播好中国声音

2015年5月21日,在《人民日报》(海外版)创刊30周年之际,习近平主席提出,我们要"用海外读者乐于接受的方式、易于理解的语言,讲述好中国故事,传播好中国声音"。要讲好中国故事,第一,要了解沿线国家人们对中国文化的需求,进行正确的市场定位和市场细分,才能有针对性地为其提供中国文化产品,做到有的放矢,适销对路。只有如此,才能真正地将中国文化成功地传播出去。第二,以沿线国家人们喜欢的方式表述中国故事,从目标客户的消费心理入手,掌握他们的消费习惯和消费偏好,向他们提供他们需要的中国文化产品。第三,向"一带一路"沿线国家提供中国文化产品时,要尽量做到客观叙述,减少制作者的主观判断和看法,并且要讲求制作质量,避免粗制滥造;采用温和的方式和方法,将我们的意识形态、价值观念根植于我们的文化产品中,只有这样才能保证中国文化在对外交流过程中的独特性,不至于被西方文化掩盖和同化。(岳喜华,2017)

3.培养具有国际视野和跨文化交际能力的人才

人才是21世纪最宝贵的资源,"一带一路"倡议的全面展开当然离不开高质量的人才队伍。在当前"一带一路"倡议推进过程中,知晓沿线各种语言文化、风俗习惯和法律法规的相关人才非常匮乏,特别是小语种人才,比如泰米尔语、立陶宛语、阿尔巴尼亚语等。随着"一带一路"倡议的深化,中国与沿线国家的文化、经贸等方面的交流将越来越频繁,交易量将越来越大,这就必然需要大量精通沿线国家语言、文化、法律法规的高级人才。为此,我们需要:在国内各省市的高等院校开设相关的专业,培养相关人才;加强对全球孔子学院师资队伍的建设,重新调整设计相应的课程,为中国文化的"走出去"提供更好的平台;加强对国内企业人才队伍的跨文化交际能力培训,为到"一带一路"沿线各国投资的中国企业家、员工提供相应的指南,包括沿线各国的语言、文化、历史、宗教、法律法规等。

【任务布置】

1.小组讨论:"丝绸之路经济带"主要涉及中国哪些地区?"一带一路"在跨文化交际中的作用?

2.阅读：

曹卫东.外国人眼中的"一带一路"[M].北京：人民出版社,2016.

思考：美国、俄罗斯、日本、韩国、欧盟国家对中国"一带一路"倡议的评价及反应如何？

3.小组讨论：运用所学的跨文化交际理论,分析"一带一路"建设需要什么样的人才？

小　结

在跨文化交际中产生障碍的根源主要是交际双方没有取得文化认同。文化认同是人类对于不同文化现象的理解与认可,是国际交流的重要交际策略。在跨文化交际中,人们只有充分认识到对方的不同文化背景以及产生于不同文化背景之下的语言或非语言行为特点,才能跨越文化交流的重重障碍,努力达成不同文化间的认可,从而更好地推进协作和发展。

项目二

文化习俗对比

Language cannot exist without culture, that is, it does not come down without the society. Anyway it can decide our life customs and beliefs.

——Edward Sapir

语言不能脱离文化而存在,不能脱离社会继承下来各种习俗和信仰。

——爱德华·萨丕尔(美国语言学家)

任务一　　学习习俗

【学习目标】

1.识记习俗的概念。
2.了解习俗对跨文化交际的影响。

【课程导入】

习俗是一种世界性的文化现象,世界各国、各民族,都有自己的人际交往礼仪和道德规范,从而形成相对固定的社会交往模式。鉴于习俗具有民族性的文化特点,各民族的文化都以不同的习俗形式展现出来。电影作为一种针对民族性感觉的共同想象的媒介手段,是了解族群习俗的重要侧影。电影《功夫熊  猫》表现了中国浓郁的传统文化习俗如吃包子、练太极等。此外,电影《功夫熊猫》在建筑结构和服装表现上也充满了中国元素的内涵,甚至配乐也添加了笛子、二胡等中国传统乐器。电影《功夫熊猫》还通过角色的塑造展现出东方特有的哲学思想和宗教理念,中国倡导的忠、孝、礼、仪、仁被表现得淋漓尽致。故事主要以各种不同的中国动物角色作为人物主线,熊猫成为故事中的胜利者和英雄,片中无处不体现着中国的文化习俗,从中也可以看出西方国家对中国文化的融入和传扬。

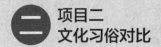

【学习任务】

一、习俗的界定

所谓习俗，就是人们日常生活中的风俗习惯。人类社会的习俗是经过千百年逐渐形成的，人们并不追究为什么要这样做或那样做，因为习俗贯穿着民族的价值观念和待人处事的基本原则。例如，在中国的习俗中，贯穿着群体观念、"尊人卑己"、面子观念等，而美国等西方国家的习俗却贯穿着个体观念、独立精神等。习俗是习惯与风俗的集合，是个人或某个集体在长期社会生活和传统事件中所传承的具体风尚、礼节和生活习惯。它的表现形式是特定的语言表达，相对固定的生活习惯和意识行为，以及在某一个空间和时间中广为流传并公认的信念或信仰。人们在社会交往中往往遵循一定的规则，这些规则即是社会习俗。在实际生活中，影响跨文化交际顺利进行的因素主要是文化习俗，由于不了解文化习俗，往往造成误解、不快等，影响正常的交际。因此，习俗是文化的重要组成部分，习俗有着深刻的文化内涵和巨大的影响力。

二、习俗是文化的重要组成部分

习俗是一个普遍且人们司空见惯的社会现象，但它却有着深刻的文化内涵和巨大的影响力。习俗指的是贯穿于日常社会和交际活动中由民族的风俗习惯形成的文化。它属于民俗学的范畴，是文化的重要组成部分。英国民族学和人类学的创始人泰勒（E.B.Tylor）在《原始文化》（*The Primitive Culture*）一书中对"文化"一词进行界定时就把习俗包括了进去："文化或文明是一种复合物，它包括知识、信仰、艺术、道德、法律、风俗，以及作为社会成员的人所获得的其他任何能力和习惯。"习俗包括人们日常生活中的常规化行为以及常规化行为所包含的规则。比如，人们见面或相遇时互致问候或打招呼，分手时要告别，做了错事要表示道歉，对他人给予的帮助要表示感谢。诸如此类，都是常规化的行为。

三、习俗对跨文化交际的影响

习俗是一个民族在长期的人际交往中形成的，对于这种习惯化的文化，本族人已习以为常，但外族人在同本族人的交际中却往往不知就里而违反这些习俗，使本族人无法接受。每一个民族都以自己的文化为中心，因此，如果他们都把自己民族文化对世界的看法视作全人类的共识，是天经地义而又自然合理的，其合理性是任何思想方法正确、有智慧和逻辑思维正常的人都会承认的，那么他们就会因为对习俗文化的差异缺乏认识而拒斥其他民族的文化，从而遭遇文化交际的难题。这就是对习俗文化差异性的无知造成的误解，而消除的办法在于彼此对其他民族习俗文化的了解。

　　由于民族文化传统的独特性，不同的语言具有不同的概念文化。和习俗文化一样，概念文化同样提供了具有差异性的民族文化背景。"你什么时候请吃糖啊?"这是中国人问及婚事时常说的话，但这句话外国人往往听不懂。"糖"在这里成了办婚事的代名词，概念的内涵已与原词大相径庭。如果外国人不了解"吃糖"这个汉文化概念，中外跨文化交际就会在这个问题上卡壳。

　　习俗是一个民族在特定的历史条件和地理环境中发展和承袭下来的，是一种文化形态的象征和体现。因此，习俗带有明显的民族特点。不同的民族在打招呼、称谓、道谢、恭维、致歉、告别等方面表现出了不同的民族文化规约和习俗。例如中国人见面打招呼时常用的几句客套话"你去哪儿?""你要干什么?""你吃过饭了吗?"在中国文化中并无很深的含义，只不过是无关紧要的、礼节性的打招呼的一种方式。然而，西方人对这几句话却很敏感和认真。"你去哪儿?""你要干什么?"在他们看来纯属个人隐私，别人不能打听，除非是亲密的朋友。而"你吃过饭了吗?"则使他们不知所措，对方会以为你想请他吃饭。又如受到别人恭维时，西方人会说"谢谢你"以示接受对方真诚的恭维，这在中国人看来，似乎有点不谦虚，不客气，没有礼貌，遇到这种情况，中国人总是谦虚一阵，客气一番，这又会令西方人感到不可思议。总之，跨文化交际中产生的许多问题，包括误解、不快、关系紧张，甚至产生严重的后果，这些都是交际双方不了解对方的习俗和文化所造成的。因此，习俗文化方面的差异是跨文化交际的重要障碍之一，或者说是交际不能顺利进行的重要原因之一。这就要求人们在跨文化交际中具备较深厚的文化功底，深刻理解不同文化之间的差异，建立良好的习俗差异意识。这样，才能有效地避免交际中的误解、冲突或严重后果。

【任务布置】

1.阅读:

胡文仲,杜学增.中英文化习俗比较[M].北京:外语教学与研究出版社,2010.

思考:该书从哪些方面研究了中英文化习俗的差异?

2.分组讨论电影《功夫熊猫》中哪些情节体现了中国的习俗文化,试举例说明,分角色表演相关情节片段。

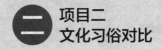

任务二　学习称谓习俗

【学习目标】

1.学会分析中西方在称谓上的习俗差异。
2.能预判和避免在称谓过程中可能出现的误解。
3.了解泰国、老挝、缅甸、越南等国家称谓上的习俗差异。
4.能用中英文恰当地称呼他人。

【课程导入】

称谓是人类社会普遍存在的语言文化现象。不同的称谓习俗,能反映出不同国家和不同民族的文化意识、道德标准和价值取向,反映出这一民族的文化特质。在电影《喜福会》中,英汉称谓语折射出的文化差异是不同形态下的两种不同类型文化的产物,都打上了各自民族文化的历史烙印。例如,电影主线的4个家庭中,薇莉有两个哥哥,由于受西方文化的影响,她直接用英语名叫她的两个哥哥以示彼此的平等。又如:

林多阿姨问:"金梅,你准备上学去吗?"

莺莺阿姨接过话说道:"在美国大家都叫她琼而不是叫金梅。"

林多对金梅的美国名视而不见,习惯性地叫她的中文名。可见老一辈虽然在美国生活多年,却仍保留着中国文化的称谓习惯,以他们的习惯称呼他们的晚辈。

【学习任务】

一、称谓的界定

称谓是习俗礼制与语言的结合体,是人与人之间用作叫法和称呼的语言习俗。称谓习俗是一种具有语言学和民俗学双重属性的称谓符号系统。称谓分为亲属称谓和社交称谓两大类

型,这是世界上大多数民族语言的称谓语俗共性的类型特征。(曲彦斌,2004)

二、中国人的称谓习俗

中国文化在历史的长河中的积淀与传承使中国形成了一个复杂的称谓语系统,鲜明地表现出中国文化的传统特色。一般来说,称谓语可分为亲属称谓和社交称谓两大类别。亲属称谓是指用于有亲属关系的人之间的称谓。中国复杂的亲属称谓,根源在于中国传统的宗法文化。宗法文化非常强调家族成员之间的尊卑等级、长幼次序和嫡庶区别。通过区分度明确的亲属称谓,家族中每一个成员确定在错综复杂的家族网络中,明确了个人的名分地位、权利义务、行为规范,建立封建的伦理道德,以此维护家族乃至社会的秩序,这是它的本质内涵。

社交称谓是指没有亲属关系的人,广泛使用亲属称谓来互称或自称的称谓。它有多种类别,如家族称谓、姓氏称谓、人名称谓、职业称谓、职务称谓、学历称谓等。大多数情况下还是运用拟亲属称谓语来称呼对方,只不过是在拟亲属称谓语前面加上对方的姓氏,如"刘大叔""王大婶""李大爷""王大娘"等,用以表明对方与自己没有血缘亲属关系。同事是现代社会关系中很重要的一类,这些人没有亲缘关系,但有明显的职务与职位上的差异。一般情况下,人们可以用职务或职位称谓称呼对方,但要想表现彼此之间较密切的关系,仍然要使用"刘叔""李姨""王哥""赵姐"一类的称呼。在一些特定的交际场合,如找人、问路、购物、乘车、应酬交际等,为了求得对方的好感,人们仍然乐于使用拟亲属称谓。只是由于双方较生疏,常常在不知对方姓名的情况下交往,此时便只好略去姓氏,直称对方为"叔叔""阿姨""大哥""大姐"。这种称谓习俗延续至今还有一个重要的原因,那就是它营造了一种亲密氛围,创造了一种亲情环境,形成了一种"亲如一家""亲密无间"的亲人感觉,使人觉得自己的生存有所护持、有所依托,进而产生一种归属感、安全感;同时,也造就了中华民族的传统美德:尊老爱幼、诚敬谦让、团结协作。从这个意义上说,称谓习俗作为中华民族传统美德的一种,在今天仍有其现实意义。

三、西方人的称谓习俗

1.姓氏称谓

和中国相比,英语国家的称谓习俗要简单一些。英语国家的称谓首先是从英国发展起来的,然后随着英语扩展到美国、加拿大、澳大利亚等国。这些英语国家,经过数百年的发展,又为英语的称谓体系增加了新的内容或地区色彩,所以英语国家的称谓体系基本上是一致的。(胡文仲、杜学增,2010)对几个或更多的成年男子,可尊称他们为"gentlemen",意为"先生们"。对于一位不知名的男子,可称为"gentleman"或"sir"。对已知其姓氏的男子,可在他的姓(family name)前冠以"Mr.",如 Jack Smith,可以称呼他为 Mr.Smith,但不要在他的名前冠以Mr.,如 Mr.Jack。最初认识时可互称某某先生,比如说 Gregory Wood 和 Milo Weaver 两个人;可

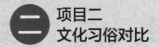

以互称 Mr.Wood 或者 Mr.Weaver;熟识后,可称对方的名即 Gregory(或 Greg)和 Milo。

　　按英语国家的习惯,妇女结婚后都使用丈夫的姓。一个已婚妇女的全名是以自己的 first name 加上丈夫的 family name。比如 Mary Noda 与 Greg Wood 结婚后,她便被称为 Mary Wood,而 Mary Noda 便成为她"未嫁时的名字"(maiden name),很少使用;她在未嫁时被称为 Miss Noda,嫁后便被称为 Mrs.Wood。Mrs.从不脱离姓单独使用。Mary Noda 不论婚前婚后都只称 Mary。Mary 和 Greg 在一起可称为 the Woods,意为"伍德两口子"。由于妇女结婚后有改随夫姓的问题,故当一个女子说:"I would rather not change my name now." 她的意思是还不想结婚。一般情况下,夫妻互相以名字相称,互称 darling,dear,dearie 的很多,还有夫称妻为 honey 或 sweet heart 的。在对第三者谈自己的丈夫或妻子时,视和第三者熟悉的程度,可以说 Mr.Wood (Mrs.Wood)、My husband(My wife)或 Greg(Mary),前两种说法比较正式,用于较不熟悉的人。中国人称呼"孩子他妈""小孩他爸"这类说法在英语中是没有的,但某些地区老年夫妻"跟着孩子称呼",互相称 Mom,Dad。此外,称自己丈夫为 my old man,称自己妻子为 my old woman 也是有的。

　　2.亲属称谓

　　在西方国家,父母常以爱称来叫自己的孩子,亲友间互相称呼其孩子时也一样。这有如我国孩子的小名,但这种爱称是有规律的。如:John—Johnny—Jack,William—Will—Bill,Robert—Bob,Ronald—Ron,Reginald—Reggie—Reg,Simon—Sim,Samuel—Sam,Margaret—Mag,Patricia—Pat,Judith—Judy,Elizabeth— Lizzy—Liz,等等。美国前总统 John Kennedy 爱称 Jack,总统 James Carter 自己署名 Jimmy Carter,均属此。中国人称别人的孩子为"小弟弟""小妹妹",英语中无此习惯。同辈孩子间一般是直呼其名,并用爱称。英语中的"big brother"只有"哥哥"的意思,并不是说排行第一。孩子称呼别的孩子的父母时,一般客气地称为 Mr.Wood,Mrs.Wood 等,很熟悉时,可学自己父母那样称呼 Jane,Greg。两家关系极其密切,称 Uncle Greg,Aunt Jane。但对长辈通称为叔叔、阿姨,例如 Uncle Policeman,Aunt Conductor,中国没有这样的称谓。

　　四、中西方称谓习俗翻译上的差异

　　在翻译称谓语时,首先要熟悉英汉两种语言的文化背景、亲属称谓语的特点,原语中每个亲属称谓语使用的语境以及指代意义,然后根据上下文综合分析,最大限度地再现原文所要表达的信息。

　　汉语的仿亲属称谓,包括在指称陌生人时,多数含有表示客气、尊敬的语意。英语中与此相对应的含有尊敬的语意的是"sir"或"madam",因此在翻译时可考虑用它们来替换。如:

　　听说他还对母亲极力夸奖我,说:"小小年纪便有见识,将来一定要中状元。<u>姑奶奶</u>,你的福气是可以写包票的了。"

And I heard he had praised me highly to mother, saying, "He's so young, yet he knows what's what. He's sure to come first in the official examination in future. Your fortune is as good as made, madam."

在中国的文学作品中,仿亲属称谓常用于故事中的人物,有时成为小人物名称的组成部分与人物融为一体,无法分开,尤其是男女主人公谈情说爱以"哥""妹"相称。这些假借亲属称谓一旦移植到英语中,在极端情况下可以引起两种误解。

而像张(大)哥、李(大)姐这类仿亲属称谓在汉语中几乎演变成了一个通行的称谓习惯,若一概译成"Brother Zhang""Sister Li"之类的带有宗教色彩的英语称谓,极易令人产生困惑,所以在处理汉语中以名字+哥/姐/弟/妹的形式来称呼非血缘关系的同龄人或较亲密的人的翻译问题时,可采用英语直呼人名的表达习惯。例如:

小琳板起脸来说:"大明哥!说话规矩些!你也是娶媳妇的大男人了!"

Xiaolin, however, looked quite serious. "Daming, you'd better behave, you are not a child."

翻译时要依据称谓词的上下文,以判定其确切意思,减少译语读者在阅读中的困惑之感。如:

李纨笑道:"但愿应了叔叔的话,也不枉……"

Li Wan chuckled, "I only hope it works out as you say, so that it won't have been in vain…"

这里李纨用了从儿子角度称呼的方式来指称自己丈夫的弟弟,若直译为 uncle,就会引起译语读者对人物关系的误解。

在美国,年纪稍大的男子称年轻的男子为"son",以表示亲切。这常见于长辈与晚辈,职务上高一级与低一级者(如军队里、铁路上等),以及老手与新手之间。有时不免有"倚老卖老"的味道,但绝无骂人之意。因为在英语国家,并不以当人家老子为占便宜。我国类似于"王工程师""李书记""刘老师"的说法,不能直译成英语。只有医生以及有军衔的人,可以说 Doctor Thurber, Colonel Bates 等。此外,President Ford, Senator Wagner, Mayor Phillips, Professor Hood 等,也常有这样说的,以示尊敬。例如有一位美国教师,名叫 William Atkins,不太熟悉时可叫他 Mr. Atkins,熟悉后可叫他 William 或 Bill。但千万不要叫他 Atkins,这是很不礼貌的称呼。

对于有头衔的人,加上其头衔以示尊重,例如:Professor(教授［Pro.］)、Ambassador(大使)、Doctor(博士［Dr.］)、President(主席/总统［Pres.］)、Queen(女王)、Prince(王子)、Prime minister/premier(总理)、Captain(船长/上尉)、Nurse(护士)、Colonel(上校)、General(将军)、Judge(法官)、Governor(州长/地方长官)、Mayor(市长)。

以职业相称的有:Waiter(服务员)、Conductor(售票员)、Usher(剧院领座员)、Porter(行李搬运工/守门员)、Boy(旅馆、餐厅的男服务员、男勤杂员或家庭男仆)。

一般不与姓氏连用的有:Madam President(总统女士)、Madam Chairman(主席女士)、Madam Ambassador(大使女士)。

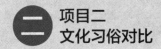

Sir & Madam 的用法通用于社会各界人士,不分职务和职业,不分年龄,表达的人际关系不亲密。下级对上级、晚辈对长辈、士兵对长官、老百姓对警察、学童对教师、店员对顾客一般不与姓氏连用。由于汉语亲属称谓系统远比英语复杂,造成了许多仿亲属称谓在英语中的不对应。要在这两种文化背景截然不同的亲属称谓语体系之间进行翻译转换,译者需深入了解两者的差异并格外注意具有丰富文化内涵的称谓语,从而尽可能做出语意对等的翻译。

五、泰、老、缅、越等国家的称谓习俗

泰国人姓名跟西方人的姓名一样,即名在前,姓在后。平时相互称呼只称名,不称姓。妇女婚前随父姓,婚后一般随夫姓。如不随夫姓,丈夫遇意外死亡,不得继承其遗产。此外,泰国人在称呼时,在每一个人的姓名前都有冠称,而且不同的性别和身份使用不同的冠称,以区别男女和身份。一般平民百姓男孩的冠称为"艾努"(音译、下同),女孩为"伊努",或"努十名",意为"小鬼"。成年男子的冠称为"乃"(先生),已婚女子冠称为"娘"(女士),未婚女子冠称为"娘少"(小姐)。有学位或专业技术职务者以其学位(如博士)或职称(如教授、副教授、讲师、工程师、医师等)来冠称。军警则以其军衔或警衔代冠称,退役后,只要未被剥夺军衔,仍可以旧衔冠称。王族成员内,国王的嫡子(包括女儿)冠称为"昭法";国王的庶子或昭法的嫡子冠称为"帕翁昭";昭法的庶子或帕翁昭之子为"蒙昭";蒙昭的子女为"蒙拉差翁";蒙拉差翁之子女为"蒙銮"。按规定,蒙昭以上才称得上王室嫡族,够称亲王,蒙昭以下就不算亲王。泰语里,平时人们相互称呼时常用的尊称中性词"坤",冠于名字前,意为:先生或女士,以表示亲切和礼貌。

老挝人的姓名一般是冠称加上名,再加上姓,姓放在后。如陶坎代·西潘敦,"坎代"为名,"西潘敦"为姓。老挝人的姓名冠称有以下4种:一是表示性别的冠称,"陶"为男性,"娘"为女性,"伊"指少女;二是表示敬称,如"波"为父,"麦"为母;三是表示官称,过去常用"昭"表示王族,现已不用;四是佛称或僧称,如在名字前加上"马哈""蒂"等各级佛称。相识者称呼对方时可只称名不称姓,如是客人一般不直呼姓名,要在称呼前加上尊词或亲切的称呼,比如"探"(先生)、"仑"(大爷)、"把"(大妈)等。妇女结婚之后,就改从丈夫的姓,如一位叫"娘贴·冯沙万"的妇女与一位叫"方·萨纳尼空"的男子结婚,她的姓名就要改为"娘贴·萨纳尼空"。老挝人一般只简称名,对较著名的人才称呼姓。老挝人对长辈一般称大爹、大妈、伯伯、叔叔、姑姑、爷爷、奶奶;对平辈则以兄弟、姐妹相称;对小辈则称小弟、小妹、侄儿,也有称"小家伙"的。老挝人在称呼别人时一般将上述称呼与名字连在一起使用,如本米哥、布西妹、通苏叔等。在政府机关或军队中,老挝人一般互称"同志"。

缅甸人无姓有名,通常在自己名字前加上称号,以表示性别、长幼、社会地位或官阶。缅甸男子一般自称"貌",表谦虚,对晚辈也称"貌",意为"弟弟";对长辈或有地位的人则称"吴",表尊敬,对平辈或青年人称"郭",是哥哥的意思;军官或医生或教师,别人可称其为"波脂貌"

或"塞雅腊貌"。缅甸女子通常称为"玛",是姐妹的意思,年龄大或受尊敬的妇女,不论婚已否,均称"杜"。

越南主体民族——京族的大姓有阮、陈、吴、黎等。与中国人一样,越南人也是姓在前,名在后,多数是单姓双字名,也有少数是单姓单字名。越南人在称呼中,除了第一人称较常用中性的"我"(发音为"堆")外,第二人称"你"和第三人称"他(她)"都没有中性的人称代词,通常根据对方的辈分或身份来称呼,以表示亲热或尊重。如对父辈的人,第二人称直接用"大伯""大娘""叔叔""阿姨"等;第三人称则用"那位大伯""那位大娘"等。越南人问候不分"早晚",也不分"你好""再见",通常都用一声"召"来表示,例如见面时说"召同志"表示"同志你好",分别时说"召同志"表示"同志再见"。越南人称呼对方时,一般是称呼与最后一个名字连用,很少连名带姓都叫,那样被认为不礼貌。如一位名叫阮兴强的男子,可根据他的年龄和亲疏程度,称为"强伯""强叔""强哥""强弟"或"强先生""强同志"。

【任务布置】

1.分组讨论电影《喜福会》中关于称谓语的使用,分角色表演电影相关情节片段。(中英文台词表演)

2.情景对话:分析下列案例并分角色表演以下情景。(中英文台词表演)

[案例1]

美国教授 Skip Young 曾在中国讲学 3 个月,回去之后,当有人问他对中国之行的感受时,他的回答竟是"中国人没有礼貌"。因为不少中国人称呼他为"Mr. Young"。分析 Mr. Young 懊恼的原因。在正式场合如何介绍一位美国教授?

[答案提示]

在中国文化中,"先生"的称呼用于学术界人士时是为对高级学者既严肃又亲密的尊重称谓。而在美国,"先生"是称呼一般人士的称呼语,对特别尊重的教授或学者则应按学历或职称称为"博士"(Dr.)或"教授"(Professor)。

[案例2]

一天,有位英国客人到南京的一家宾馆准备住宿。前厅服务人员为了确认客人的身份,在办理相关手续及核对证件时花费了较多的时间。看到客人等得有些不耐烦了,前厅服务人员便用中文跟陪同客人的女士作解释,希望能够通过她使对方谅解。谈话中他习惯性地用了"老外"这个词来称呼客人。谁料这位女士听到这个称呼,立刻沉下脸来,表示了极大的不满。

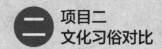

原来这位女士不是别人,而是客人的妻子,她认为服务人员的称呼太不礼貌了。见此情形,有关人员及这位服务人员随即赔礼道歉,但客人的心情已经大受影响,并且始终不能释怀,甚至对这家宾馆也产生了不良的印象。

前厅服务人员该如何称呼这位外国人较为得体?请结合案例谈一下称呼礼仪的重要性。

[答案提示]

在交际中最简单、最明显、最重要、最能得到好感的方法,就是记住人家的名字,使他有受到重视的感觉。再者,在称呼密友与初见者时也是有所不同的。一般情况下,密友之间,可以直呼其昵称,体现互相间的融洽关系;而与初见者打招呼时,一些形式上的用语是必不可少的,如"某某先生""某某小姐"等,这样既体现出自身的修养,又使对方有受重视之感,特别是在比较正式的场合,更要注意。作为前厅服务人员,应该称呼这位外国人"某某先生"。

任务三　学习拜访习俗

【学习目标】

1.学会分析中西方在预约和告辞上的习俗差异。
2.能预判和避免不同文化成员之间在拜访过程中可能出现的误解。
3.了解泰国、老挝、缅甸、越南拜访习俗的差异。
4.能用中英文恰当地表达拜访用语。

【课程导入】

拜访是人们在日常生活或工作中不可缺少的一项社交活动。各国人民在长期的生活中形成了各自独特的拜访习俗。电影《傲慢与偏见》中体现了西方人的拜访礼仪,即两户素不相识的体面人家若想认识,必须由认识其双方的第三方进行介绍,或是由其中一家的男主人去另一家拜访,这样才算认识了,双方的女眷也才可以与对方家中的成员往来。若不通过这样

的过程,私自去结交,那一定会被对方嘲笑。可见,拜访礼仪渗透在一个民族文化生活的方方面面,不可或缺。

【学习任务】

一、中国人的拜访习俗

在中国农村,拜访某人一般不事先预约或通知,所以当客人大驾光临时,主人并不介意,有时还会为要见的人不在而向客人表示歉意。随着社会的发展,中国人的生活和工作节奏加快,在城市拜访某人之前要做好安排,向被访者提出前去的建议、目的、时间和地点,经双方商定后方可进行预约。如果是一般性的拜访,要尽量避开主人工作、吃饭或睡觉休息的时间。

在中国,人们一向有好客和礼貌待客的传统。客人到访时,一般都会出来见面、寒暄。让座之后便向客人献茶敬烟,请客人喝茶,是中国人的传统礼俗。除了以茶待客外,也有人端出糖果或水果请客人享用。对于主人的热情招待,客人会一再表示不必麻烦。这种主、客之间的礼让和推辞有时会使某些外国人感到不解,但它确实表现了主人的待客之诚和客人的感激之情。中国人在外做客时,一般遵循一条原则:客随主便。所以客人在主人家拜访时,一般不会主动提要求,在吃、喝等各方面尤其如此。如果主人问客人要吃什么时,客人多半会说:"随便,什么都行。"在中国,除非主人一再挽留,客人一旦表示告辞会立即行动。客人起身告辞,主人送客。中国人送客一般要送到大门外,甚至大街上。

二、西方人的拜访习俗

西方人对"有空来坐坐"这句话只当作虚礼客套,不当作正式邀请。无事打电话闲聊也是西方人视为打扰别人私人时间的行为。若想邀请西方人,应当商定一个互相都方便的时间和地点。在英美等西方国家,拜访某人之前要先做好安排,向被访者提出前去的目的、时间和地点,经双方商定后方可进行。在西方社会,人们不与被访者预约就突然造访,是十分不礼貌的行为。在英美等国家,预约拜访有各种办法:两个人面对面地商定、打电话或用书信的形式联系。与他人预约时,说话要客气,语气要委婉,要与主人商量,不可强加于人。按照英语国家的习俗,初次拜访一个自己不熟悉的人时,在得到对方肯定的答复之后,还要写一封信,表示自己将按时赴约。另外,经双方商定好的拜访一般不得取消。万一有急事不能前往,要尽早通知对方,并表示歉意。通常来说,不能接受邀请的办法是说出你不得不谢绝的理由。只是说一声"我不能去"或"我不去"是不礼貌的。只说一声"对不起"也是不够的。只说一声"谢谢",就会使人不知你到底是接受邀请,还是谢绝邀请。如果你接受了邀请,忽然有事不能赴约,你应当把你不能前往的真实原因告诉对方,接受了邀请而又不赴约是一件极不礼貌的事情。

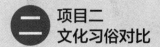
前去拜访某人时一定要准时,不得提前或迟到。访客按照约定的时间到达被访者的家门时先按门铃。主人开门迎客,并说些客气话,如:Hello, glad to see you. Please, come in.西方人的习惯是,客人入室后要脱掉外衣。这时主人常常会说:"Let me take your coat."(我把你的外衣收起来。)或者"Shall I take your coat?"(要我把你的外衣收起来吗?)同样,入室脱帽也是英语国家人们必须遵守的礼貌习俗。紧接着,主人便请客人入座。客人坐定后,主人常以各种饮料待客。他们一般先征询客人的意见,问他们想用点什么,诸如茶、咖啡、啤酒、冷饮等,客人需要什么给什么。当主人送上饮料时,客人不必站起来再接过去。但是按照西方人的习惯,端上来的饮料需全部喝掉。如果喝不了多少,则少要。如果要了饮料又剩下许多,主人会认为客人嫌饮料不好,或者不喜欢喝,这会增添许多不必要的误解。

此外,做客时主人主动请人吸烟的情况极少。客人自己想吸烟时要事先征得主人的同意,不可贸然地从口袋中掏出香烟便吞云吐雾起来。

拜访结束时,一般由客人中的女士或年长者提出告辞之意。客人提出告辞后不应马上离去,他需反复表示告辞之意,因为在英美国家,客人一旦提出告辞便马上离去的做法显得唐突且不礼貌。

拜访中常用到的英语句型有:

I will come and see you this afternoon.

"Can I come and see you this afternoon?"

Hi, John, I haven't seen you for ages. Could I come around to pay you a visit in a few days?

I'd like to come and see you sometime. Would you be free one afternoon next week?

I haven't seen you for a long time. I am wondering whether I could come around to visit you sometime.

Mr. Zhang and I would like to come and visit you. Would it be convenient for us to come Wednesday evening?

What would you like?

——Tea please.

——I'd like a cup of coffee.

——Oh, thank you, either will do.

Would you like a cup of tea?

——Oh, thank you. That would be lovely.

——Yes, please, if it's not too much trouble.

——No, thanks. I've just had a cup of tea.

——Not for me, thanks.

告辞常用到的英语句型有:

A：Well, I'd better be going now, I think. I don't want to get caught in the rush hour.

B：Hmm…the buses are so crowded then, aren't they? Will it take you long to get home?

A：Well, at this time of day it takes about half an hour. But during the rush hour it can take up to an hour.

B：Oh, that's terrible…Well, it's been really lovely to see you again. Do come around again when you have time.

A：Yes, I will. I'll give you a call.

B：Fine. I'll look forward to that.

A：Give my best regards to your husband.

B：Yes, I will. He will be sorry to have missed you.

A：Well, I'll see you then.

B：Yes, thanks for coming. Bye.

三、泰、老、缅、越等国家的拜访习俗差异

东南亚文化中对于家和隐私有很深的定义,所以在登门拜访或做客之前一定要事先通知对方,将行程告知对方并征得同意,在时间上也要根据不同国家和不同地区来适当调整。这和在中国直接登门拜访,不用事先打招呼是有很大区别的。

泰国人见面时要在胸前合十相互致意,其方法是双掌连合,放在胸额之间。这是见面礼,相当于西方的握手,双掌举得越高,表示尊敬程度越深。平民百姓见国王双手要举过头顶,小辈见长辈要双手举至前额,平辈相见举到鼻子以下。长辈对小辈还礼举到胸前,手部不应高过前胸,地位较低或年纪较轻者应先合十致意。别人向你合十,你必须还礼,否则就是失礼。合十时要稍稍低头,口说"萨瓦迪卡",即"您好"。双方合十致礼后不必再握手,男女之间见面时不握手,俗人不能与僧侣握手。学生从老师面前走过时,必须合十躬身。泰国人视左手为不洁净,所以在交换名片和接受物品时,都必须使用右手。泰国人认为门槛下住着神灵,千万不要踩踏泰国人房子的门槛。访问政府办公厅宜穿西装,商界见面着衬衫,打领带即可。拜访大公司或政府办公厅须先预约,准时赴约是一种礼貌。

老挝人见面和分别时要打招呼,将双手放在胸前,行合十礼,也有行握手礼的,男的一般不主动同女的握手。到老挝人家做客,应备礼品,礼品包装要美观,常用礼品有花篮、工艺品、烟酒等。在参加婚宴或喜庆日子时,习惯送现金。走进客厅之前,要自动脱鞋,因老挝有进屋脱鞋的习惯。进入室内后盘腿,席地而坐,不可将腿往前伸,否则是不礼貌的举动。客人禁止进入主人内房参观。到老挝人家做客,喝团结酒较流行,主人拿来一瓶酒和一只酒杯,主人先喝,再依次请客人喝。坛酒也是老挝人待客的一种传统礼仪,酒坛上插上许多竹管,宾主围坛而坐,边谈边喝。即使不喝酒的客人多少也要尝一些,不然会让主人不高兴。

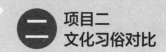

缅甸人多是佛教徒,几乎家家都有神龛。进屋前脱鞋,是公认的习惯,除保持室内卫生之外,也是对佛祖的虔诚崇敬。进寺院,上佛塔,更要脱鞋。到缅甸访问的外国元首,上大金佛塔,一律要脱鞋,任何人都不能例外。缅甸人在社交场合与客人见面时,一般施合十礼或鞠躬礼。施合十礼时,如戴有帽子,要摘掉帽子。当路遇老人、领导、学者时,要施鞠躬礼。碰到僧侣,要双手合十,躬身施礼,直到僧侣通过为止。来了客人先喝茶,递茶用右手,喝茶也要用右手。

越南人很讲究礼节。他们见了面要打招呼问好,或点头致意。见面时,通行握手礼,苗、瑶族行抱拳作揖礼,高棉族多行合十礼。越南人待客热情,每逢家里来客,总拿出最好的酒和食物来待客。客人吃得越多,主人就越高兴。客人辞行时,主人还会拿出当地特产赠予客人。做客时喝水、吸烟或吃饭前要说一句"您先请",以示礼貌。

【任务布置】

1.分组讨论电影《傲慢与偏见》中哪些情节体现了西方人的拜访习俗?分角色表演电影相关情节片段。(中英文台词表演)

2.情景对话:分析下列案例并分角色表演以下情景。(中英文台词表演)

[案例1]

中国学生小张第一次到他的美国导师马克家做客。用完餐小张还是觉得很饿,因为用餐时没有人给他夹菜或劝菜,他只吃了一点儿,一道道菜就被拿走了。吃完饭才晚上8点,小张就说:"谢谢你们的晚宴,我得走了。"于是离开了马克家。马克夫人觉得这个中国学生太没礼貌,而小张心里也想美国人不够热情,害得自己没吃饱。

[答案提示]

在美国人家中做客不像在中国,客人往往根据自己的需要吃多少菜添多少菜,小张不清楚这一点,还等着主人给他夹菜,所以没吃饱。另外,向主人告辞要找一个合适的理由,在英美国家,客人一旦提出告辞便马上离去的做法显得唐突和不礼貌。

[案例2]

当凯特第一次到云南时,遭遇了喝茶的尴尬。当她在一个藏族人家中做客时,主人端来酥油茶。凯特并不习惯喝这种茶,可是出于礼貌,她还是硬着头皮喝完了。于是主人又给她添了茶,就这样她不得不连续喝了7杯酥油茶。凯特很纠结,如何才能让主人知道不要给她倒这么多杯酥油茶?

[答案提示]

藏族待客习俗:尽可能给客人倒满茶饮,不能空杯,否则被认为待客不够热情。而凯特则认为,要了酥油茶又剩下许多,主人会误解客人嫌饮料不好,出于礼貌,她硬着头皮喝完了。如果她希望主人知道她不再想添茶,她不必喝完,也可以直接告诉主人,这自然会减少许多不必要的误解。

任务四　学习如何表示感谢和道歉

【学习目标】

1.学会分析中西方在致谢和道歉上的习俗差异。

2.能预判和避免不同文化成员之间在感谢和道歉过程中可能出现的误解。

3.了解东盟国家表达感谢和道歉的习俗。

4.能用中英文书写感谢信和道歉信,熟练运用感谢和道歉口头语。

【课程导入】

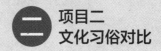

【学习任务】

感谢是人们日常交际中频繁使用的一种礼貌言语行为,是人们言语交际能力的一个方面。感谢涉及一个施惠行为,受惠方对该举动表示谢意和认可。由于中西方文化的差异,感谢语及回答语方面存在着许多不同的地方,对人们的交际产生不同的效果。在跨文化交际中,怎样用英语得体、礼貌、恰当地表达感谢,是一种重要的、需要掌握的用语能力。

在日常生活中,人们经常无意间做错事或冒犯了他人,这时首先要做的事就是道歉,以取得对方的谅解。这种道歉不仅是一种礼貌行为,更是维护和谐人际关系的重要一环。一般情况下,人们只是将道歉看作一种简单的言语行为,在道歉时说声"对不起",单纯地表示同情或道歉,以为这样就完全可以了。其实道歉是一个很复杂的言语现象,是跨文化交际中的一个重要内容。不同文化背景中的人对道歉有着不同的理解,不同的表达与诠释,如果对其处理不当,有时会产生误解,还会产生文化上的严重冲突。电影《刮痧》中当丹尼斯和昆兰的儿子保罗因为玩电玩打架而又不肯道歉时,许大同就当着昆兰的面打了儿子一巴掌。后来他对昆兰说:"我打我的孩子是为了表示对你的尊重,是给你面子。"昆兰十分不解,生气地回答道:"什么乱七八糟的中国逻辑!打你儿子怎么是在给我面子呢?"因为这种行为如果发生在中国,会被看成家长给自己不良的教育找台阶下。但在美国朋友的思维方式里,打儿童哪怕是打自己孩子的耳光也是一种非常恶劣的暴力行为。这就是我们所谓的中西方在文化方面的差异。这些情节反映了中西方在孩童日常行为教育上存在较大的分歧以及道歉习俗的不同。

一、中国人的致谢习俗

在电影《刮痧》中,许大同获得了公司颁布的最佳游戏程序设计员的荣誉。当他被要求做一个简短的演讲时,他特别提到要感谢公司的领导与他的同事。这是一种典型的中国式获奖感言——在这种感谢的场合下,人们通常会提及别人对自己的帮助。在中国,人际关系扮演着一种非常重要的角色,许多中国人都或多或少得到过自己亲戚或朋友的帮助。因此当获得成功后,人们一定会感谢自己的亲友,尽管也许亲友只是起到一点点的作用。中国人很少会表示他们的成功是因为他们自己出色的能力和辛勤工作。然而,美国人在这方面却有着不同的价值观,他们更多地喜欢赞扬自己在工作中的表现和努力甚于同事和上级的帮助。

汉语的"谢谢"是对别人的好意表示感谢,但中国人不像许多外国人那样,总是将"谢谢"挂在嘴上。中国人表示致谢的方法不仅复杂,而且往往很特别。在受到别人的好处时,一般感谢的不是具体事情,而是别人的情意。在喝了别人献的茶后,一般说"谢谢"或"多谢"。在受邀请吃饭以后一般对主人说:"谢谢您的盛情款待。"在受人赠礼后一般说:"让您破费真不好意思。"在别人花了力气帮助你以后一般说:"让你费心了"或"让您受累了"。在麻烦别人以后一般说："给你添麻烦了。"占用了别人时间以后一般说："耽误了您不少时间。"致谢时多说"浪费了你不少时间。"意思可不是别人的帮助没有用，而是为占用了别人的宝贵时间表示歉意。

在商店、旅馆、汽车上，都是顾客或乘客说"谢谢"，服务人员说"不（用）谢"或"不客气"。在中国，关系越亲密，客套越少，"谢谢"或"对不起"也就越少使用。感情深厚的夫妻，关系亲密的恋人之间，客套话几乎用不着。如果说声"谢谢"或"对不起"，反而会引起误会，以为你在开玩笑，或者认为对方不是生气就是在故意疏远关系。中国有"一家人不说两家话""大恩不言谢"等老话说的就是这个道理。中国自古以来就是礼仪之邦，对他人的各种帮助和付出在言辞上和行动上都是感恩图报的。

二、中国人的道歉习俗

中国人十分注重道歉的社会功能和社会行为。在人际交往中，当冒犯、打扰、损害、伤害、麻烦等不愉快的事情发生时，挂在人们口头上的是汉语中人们惯用的道歉言语，如"对不起""请原谅""很抱歉""打扰了""给你添麻烦了"等。就需要致歉的事情来说，中国人只要自己的言辞或行为已经造成或者将要有某种损害时，及时向对方致歉不仅是必要的，而且也是有礼貌、有教养的表现。不过，中国人在道歉时更要求直截了当，反对扭扭捏捏。错了就是错了，人们厌恶有错不认，故意找客观理由，再三解释。一般要求致歉者道歉时态度要真诚专注，不可敷衍了事、推卸责任。同样注重道歉之后的补救行动，比如，损害或弄丢了别人的器物要赔偿；撞伤了别人要带人到医院去治疗；在多大的范围造成了名誉或精神上的伤害就要在同样的范围内赔礼道歉，并给予经济上的补偿。口头道歉又分直接道歉和婉转道歉两种形式。直接道歉就是做错事的人直截了当、开诚布公地向对方承认错误，表示歉意。一般来说，这种坦诚、直接的致歉行为容易得到对方的谅解，矛盾或事端立即化解，人际关系恢复如初。但是由于各种原因，人们直截了当地赔礼道歉是不容易做到的。中国人是一个十分顾及个人脸面的民族，有时人们采取迂回的办法，既能达到赔礼道歉的目的，又能保全个人面子。在于明编的《礼仪全书》中把间接道歉形式归纳为4种：

①书信式。如果你觉得道歉的话说不出口，可给对方写封信，表达歉意。这种不见面的交谈既可达到道歉的目的，又可免去一些难堪的局面。

②转达式。即求助于第三者。可以将自己的歉意明示或者暗示给彼此熟悉的第三者，请求他为你向对方转达歉意。

③替代式。生活的现实告诉我们，一束鲜花能使前嫌尽释。把一件小礼物放在对方的餐桌上或枕头底下可以表明悔意，小小礼物寄歉情，此时无声胜有声。

④改正式。有些过失是可以用口头表示歉意并能奏效的；还有些过失不但需要口头向对方表示歉意，而且需要改正过失的行动；有的过失只需要用行动来弥补。改正过失的行动，往往是最真诚的、最有力的、最实际的道歉。（于明，1993）

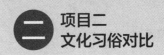

三、西方人的致谢习俗

"Thank you."可随时随地在英美文化中使用。无论是陌生人、亲人还是朋友间表达感谢是一种礼貌。这些衍生出来的套语在表达谢意的程度上依次增强,说话人可根据情况,选用适当的形式来表达自己内心的感觉。值得注意的是英语国家的人们在表示感谢时大都注意言辞适度,一句话能表达的意思不要用两句,一般的感谢不要扩大为特别感谢。致谢言辞过度会使被感谢者感到不自在,同时也会给别人留下不真诚的印象。对别人的感谢话,被感谢的人要有礼貌地做出回应。英语中最常用的回答语是:

You are welcome.(不客气)

Not at all.(别客气)

Don't mention it.(不用客气)

That's all right.(不谢)

That's okay. (不谢)

在日常口语使用中,如果你只是举手之劳,比如随手帮拎着东西的人摁了下电梯按钮,这种时候,你如果回答 "You are welcome!"就在暗示对方好像欠了你特别大一人情,反倒显得你自个儿不礼貌了。"It's my pleasure."或者简短的"My pleasure."比"You are welcome."更绅士,更淑女。这句话重在强调"我"帮了你,是荣幸的,而不是"你"受我帮助。你也可以回答"Anytime."或者"It's no bother.""No problem."。"No problem."在日常使用频率很高,甚至超过"You are welcome."更随意一点,你可以直接说"Sure thing.""Sure.""I'm glad I could help."

对别人的感谢做出合乎礼仪的反应是社会规范的要求。对致谢表示沉默则说明自己帮助别人,或为别人做事情是不情愿的,那会令感谢者处境尴尬。在日常生活或社会交往中,感谢信是英语国家最主要的书面感谢形式。写感谢信的要求是诚挚、及时,语言要自然、热情。

美国著名礼仪专家埃米莉·波斯特在《埃米莉·波斯特礼仪事典》中介绍了10种写感谢信的情况:宴请应邀者是主宾,那就一定要写致谢信;过夜拜访除好友和亲戚外,其他人也要履行书面致谢的礼仪;接受生日礼物、结婚周年纪念礼物、圣诞及其他礼物、收到吊唁信、收到贺卡或贺礼、收到婚礼礼物、商业客户受到推销员的款待时,都要写致谢信。

英语感谢信范文:

Dear Mr.Black,

It is my great pleasure to show my hearty thanks to you for your hospitality and courtesy to me during my stay in London.

Originally I only wanted to call on you and gave my father's regards to you, as it had been three years since you and he met each other. But you insisted that I stayed in your house during my visit in London and took good care of me as if I were a family member of you instead of the daughter of your friends. You really added greatly to my convenience and pleasure of the whole trip.

Thank you again for your kindness and I hope that I will have the opportunity to return your charming hospitality.

Yours faithfully

Wan Fang

感谢信有两种：一种是写在信纸上，封于信封内寄给个人或单位；一种是写在大张纸上，公开张贴出来的，其目的是表达写信人对某人或者某单位为自己提供了帮助、做了好事的诚挚谢意。值得注意的是英语国家的人在表示感谢时大多注意言辞适度：一句话能表达的意思不要用两句；一般的感谢不要扩大为特别感谢。致谢言辞过度会使被感谢者感到不自在，同时也会给别人留下不真诚的印象。

四、西方人的道歉习俗

人们由于种种原因，违背了社会规范或者冒犯了他人时，常要向对方道歉，以修补被损害的人际关系。从这个意义上讲，致歉不仅是有礼貌、有教养的表现，而且具有维护人际和谐关系的功能。英语表达道歉的词汇大致分为3类：

一类用来表达遗憾——I'm sorry.

一类用来请求原谅——Please forgive me.

一类用来致歉——I apologize.

道歉时承担责任的情况：

(1)接受批评，如 It's my fault.

(2)承认自己行为不检点，如 I wasn't thinking.

(3)承认被冒犯者是对的，如 You are right.

(4)说明自己不是故意的，如 I didn't mean to.

以上4种情况只有第一种是直接承担责任，其余则是间接承担责任。第二种强调的是冒犯者的主观行为，而不是客观原因。除口头道歉外，人们用书信形式表示歉意的情形也存在。书面致歉表达了致歉者诚挚的悔悟之意及补救办法。书面致歉涉及的过错情节一般较为严重。书面致歉范文：

Dear Sally,

I am terribly sorry to tell you that I am unable to attend your birthday party next Thursday evening. That is owing to the fact that my younger brother suddenly fell ill and was taken to hospital

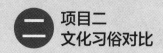

this morning. I have to go there immediately and take care of him. As told by the doctor in charge, it will take around five days for him to recover and I have asked my boss for a leave.

I really regret that I cannot go to celebrate your birthday personally and would miss the perfect chance of enjoying myself with all our old friends. I have chosen a small gift for you and will send it to you tomorrow to show my best wishes. Besides, please give my regards to our friends when you meet them at the party.

Yours,

Lin Meng

五、中西方在致谢和道歉习俗上的文化差异

表达感谢不论在东方还是在西方都有重要的社交价值,它是维系社会各阶层人际关系的纽带。得体、体贴地表达感谢可以使交际者双方感到温暖、亲切。相反,不得体、措辞不当的感谢会对致谢人和听话人双方的"面子"产生负面的影响。感谢的表达方式从简单的寒暄语到长时间的交际事件,因具体情况而异。大多数以英语为母语的人会有意识地把表达感谢与"thank you"联系起来。然而,他们有时没有意识到复杂的致谢潜在规则涉及致谢双方良好人际关系的互动。如英语中常说的 thank you for the tea(the dinner, the book, your time, all the trouble, everything, etc.)就不能直译成汉语。与之类似的是,中国学习者也没有意识到在使用英语表达感谢时这些复杂的潜在规则。他们常常认为表达感谢是普遍存在的一种交际行为,并没有意识到在跨文化交际中实现致谢言语行为的差异性。正因为如此,有时中国人对外国人的致谢,也会出现一些不太和谐的情况。除了口头上表达感谢外,请人吃饭也是一种致谢的方式。例如在西方文化里,请客吃饭是司空见惯的事情。在中国文化里,更是如此。在这种社交活动中,表达对对方的谢意是自然而和谐的。在话轮序列中,邀请者和被邀请者之间话语的礼貌互动,随着会话语境的变化而动态生成。因此,对于中国人来讲,提出邀请,被拒绝,再提出邀请,又被婉拒,最终邀请成功,是自然而然的事。

道歉语是指能够为被冒犯的人挽回面子的语言。在全球化日益增强的现代社会,中西方合作与接触不断增多,由于社会背景、文化及价值观念的不同,在跨文化交际中经常会出现一些误解甚至是冲突。由于任何一种言语行为都反映了一定的社会准则和价值并服务和维护那些价值观,因此,道歉言语行为能够像镜子一样折射出中西方文化价值的差异。

相比西方文化中的道歉,中国文化中的道歉更表现在内心的愧疚造成的心理影响,因此特别注重向对方表示自己的遗憾和愧疚。尽管双方把道歉当作必要的社会行为,是一种礼貌的表现,但是在使用的目的上还是存在差异。中国惯用直接道歉来保持对方的面子,维持良好的

人际关系,而欧美人则倾向于采用"说明理由"和"下保证"来处理失礼的情况。多数学者认为中国属于高语境文化,因此在交流中更注重交流对象的社会地位,使用较多的客套话以满足对方的心理需求和外界的语言信息,如果双方的关系比较稳定,冒犯者就不需要进行非常正式的道歉。反之,英美国家属于低语境文化,人们在交际时注重对话中的信息,而不是交际对象的社会地位。因此,由于交际的内容是确定的,一旦发生了与预计偏差的事情,冒犯者必须为自己造成的错误道歉并安抚对方。在使用频率上,中国人的道歉次数要远远少于英美人。英美人把道歉当作一种凸显尊重人的工具,而中国人则把道歉看作一项行为,道歉的态度与冒犯程度是对等的。中国人对于熟识的人和家庭成员的道歉往往不说"对不起",但是欧美人的道歉则会"一视同仁",无论亲疏。英汉两种语言采用相似的话语模式来实施道歉的行为,但存在着巨大的差别。中国人比英语使用者更加注重自身所处的地位和关系,而英语使用者往往更习惯于就事论事,不论对方的地位高低都采用相似的道歉方式。在道歉语的使用中,英美人的使用频率高于中国人很多。在英美人看来,道歉是日常生活交际的一部分。英美人对于道歉是比较推崇的,因为英美文化强调个体主义,因此特别注意自己的自身利益。对待他人也相对界限明确,言行之间害怕冒犯到别人,不希望自己无意或有意影响到他人的利益,警惕自身的"出格"举动。比如感冒了之后会咳嗽或打喷嚏,在公众场合必然会影响到别人,如传播了病菌,因此会为这种情况向周围的人道歉。在中国人看来,道歉主要发生在比较实际的行为中,咳嗽、打喷嚏这种行为被看作不可抑制的生理现象,因此很少有人为了这种行为向周围的人道歉。

感谢和道歉常用英语表达:

1.感谢表达:

Thank you for everything. /Thank you very much indeed.

I appreciate it /your help very much.

I don't know how to thank you enough.

It's kind of you to say that.

You've been a great help /very helpful.

Thanks a million for what you have done for me.

I hope I can repay you for it.

You've been very thoughtful.

I appreciate your consideration.

Thank you anyway /all the same /for asking.

2.感谢回答:

Sure. /You're most welcome. /Don't mention it. /It was nothing. /It's my pleasure. /That's all right. /Any time. /Don't worry about it. /Forget it.

3.道歉表达：

I'm so/terribly/awfully/extremely sorry for that.

I'm sorry. I wasn't thinking.

I'm sorry. I didn't see you.

I'm sorry. You are right.

I'm sorry. I didn't mean to hurt you.

I'm terribly sorry to have kept you awake.

I'm sorry. I promise it won't happen again.

Will you excuse me for a few minutes?

Excusing me for my smoking here.

I beg your pardon. Could you say that again?

Pardon me for sneezing.

I do beg your pardon for the mess I've made.

A thousand pardons for taking up so much of your time.

Please forgive me.

Please forgive my carelessness.

Please forgive me for having lost your book.

I must apologize for my rudeness/fault/mistake…

I've got to apologize for troubling you so much.

I must make an apology for losing my temper.

May I offer you my sincerest apologies for the wrongs I've done you.

May I offer you my profoundest apologies?

4.道歉回答：

It doesn't matter./It's nothing. /That's all right./Never mind/ That's OK./ Not at all./ Forget it./No problem！/Fine with me.

六、泰、老、缅、越等国家的致谢和道歉习俗

在泰国社会地位较高的人从来不会向地位较低的人道歉。泰国的仆人或是手工业工人如果受到地位较高的人的正式道歉会感到非常局促不安。如果你在无意中冒犯了和你社会地位相当的人，例如你的商业伙伴，一定要表现得谦恭一些，微笑地询问对方是否能原谅你的过错。建立良好的个人关系是避免冒犯别人以及防止丢面子的最好的方式。

如果泰国人送你一件礼品，在接受礼品前应先合十向他们表示感谢。除非对方要你打开，否则不要当面打开。假如你冒犯了别人，不仅要微笑着说"对不起"以示歉意，还要双手

合十。

缅甸人重视采用间接的、含糊的以及迂回的语言方式。说话率直的人会被认为是粗野的和没有教养的人。"Yes"通常的意思是"我明白",而不是表示同意。在得到帮助时,年龄较大的缅甸人很少说"谢谢";在他们出错时,也很少说"对不起"。为了表达歉意,要说"请原谅"或者解释并不是有意犯错。如果想用非语言的方式来表达歉意,那就送别人一个小礼物或者帮助他做些事情。

老挝人、越南人把公开表示愤怒、急躁等情绪视为粗鲁的行为。他们认为在压力下不能保持平静的人不值得被尊重,冲突会破坏融洽的气氛,当众批评会丢面子。如果你需要纠正老挝人、越南人的错误,可以在私下喝茶的时候指出。对于他们来说,避免冲突和保持良好的关系,远比阐明意思重要得多。

【任务布置】

1.分组讨论电影《刮痧》中哪些情节体现了中西方感谢或道歉文化上的差异?分角色表演电影相关情节片段。(中英文台词表演)

2.情景对话:分析下列案例并分角色表演以下情景。(中英文台词表演)

[案例1]

彼得来到中国结交了不少朋友,一天朋友小明邀请他去家里做客,吃饭时,他母亲说:"随便做了几个菜,不好吃。"吃完饭,彼得表示感谢,小明的妈妈说:"招待不周,请多多包涵。"彼得很是不解:"为什么中国人招待了客人还要道歉?"

[答案提示]

小明的妈妈不仅拒绝接受感谢,还说一些客套话,表示自己做得不够,希望彼得原谅或批评,甚至向彼得表示歉意。汉语感谢语的这种应答形式是中国人自谦尊人的表示。

[案例2]

一天在拥挤的公共汽车上,李丽不小心撞了别人一下,她为了表示歉意说"Excuse me."是否妥当,为什么?

[答案提示]

这里应该使用"I'm sorry."

I'm sorry 的用法:

①表达道歉、遗憾与不安;②拒绝别人邀请;③不小心碰撞了别人;④无意间冒犯了别人。
Excuse me 的用法:①向陌生人打听消息;②请求打断别人发言;③请求退席,请求让路;
④不由自主地当众咳嗽、打喷嚏;⑤演讲、朗读时读错词语等。

任务五　学习送礼习俗

【学习目标】

1.分析中西方在送礼习俗上的差异,能预判和避免不同文化成员之间在赠送礼物过程中可能出现的误解。

2.了解泰国、老挝、缅甸、越南等国家送礼习俗的差异。

3.能用中英文恰当地表达送礼话语。

【课程导入】

世界各国都有许多风俗习惯,而"送礼"则是其中最普通且具有悠久历史的风俗之一。作为人类社会一种特殊的社会现象,送礼已成为人们生活中不可缺少的交际内容。人们除了生日、订婚、结婚、过年、过节等重要日子会送礼之外,乔迁、送别、大学毕业及孩子出生、满月、周岁等都成了人们送礼的日子。正因为有这么多的送礼场合,赠送与接受礼品的行为已涉及人们生活的许多方面,礼品在人们的生活中扮演着越来越重要的角色。随着物质生活的改善,人们礼品选择的观念也在变化着。无论在中国还是在西方国家,送礼都被公认为是正常的而且必要的社交礼仪。电影《喜宴》,充分表现

了中西方不同的送礼习俗。美国人一般很少送礼,只有圣诞节、生日、纪念日才送礼,平时拜访是不用送礼的。而中国人却连亲属和朋友之间的日常拜访也要送礼。所以当赛门送礼物给高父高母时,他们感到诧异,认为他们应该送礼给赛门这个主人才对。而赛门略懂中国礼数,还

是准备了礼物以表心意。

【学习任务】

一、中国人的送礼习俗

中国具有约 5 000 年文明史，素有"文明古国，礼仪之邦"的美誉。礼尚往来，是中国人礼貌待人的一条重要准则。中外交流、商务往来、朋友结婚、家人生日以及逢年过节等，人们都会送礼。由于国家土地辽阔，地区间的差别非常大，送礼的时节和场合数不胜数，礼仪的复杂也在所难免。过去，中国人最爱送也最常送的礼物可能要算"红包"了。同事、朋友的喜事，家人、亲戚的生日，过年给孩子"压岁"，一个"红包"常常是最方便且最受欢迎的礼物。结婚送礼在中国是十分必要的，对礼物的选择也是多样的，"大红包"往往不能少。给老人祝寿，送礼用的"寿桃""寿糕""寿面""寿联"则是中国独特而传统的礼品。中国还有"白事"送礼的习俗，即在亲朋办丧事时送上花圈、挽联或现金以示对逝者的哀悼和对逝者家人的安慰。

中国人送礼有自己的送礼方式。首先，给家人送礼时一般更注重礼物的实用性。除了年轻人偶尔会花钱对礼品进行包装外，大多数人不会注重礼品的外观或包装是否漂亮、精致。其次，给朋友、领导送礼时，送礼人非常注重礼品的价值。在经济条件许可的情况下，人们更爱挑档次高的礼物或所谓的"名牌"以体现自己的实力或对他人的尊重。送出礼物时，人们不愿过多谈及所送东西的情况，而受礼人则更不会当面查看或拆开礼物。中国人很少让别人转交礼物，亲手送礼是中国人的传统做法。当然，偶尔不方便亲自送礼时也会托人转交或通过邮递的方式。另外，中国人送礼给他人时往往会得到受礼人回赠的礼物。一般而言，回赠的礼物往往是等价的东西。宴请送礼人也常常是人们表达谢意的较常见做法。不过，在中国，送红包讲究的是送双数，其寓意为"成双成对"。礼金一般为整数，如果是含"88""66"数字的礼金则含有"吉利""吉祥"之意。

送礼前应该了解当地的基本风俗和禁忌，了解受礼人的身份、年龄、爱好等，无视对方的习俗、禁忌都会导致事与愿违的结果或引起不必要的麻烦与误会。中国人送礼好双忌单，"成双成对"被认为比较吉利。但"4"这个数字因其谐音为"死"，故在中国许多地方被认为是不吉利的数字。遇到喜事送礼，人们一般忌送白色或黑色的东西，而红色礼物则有喜庆之意，因而广受欢迎。还有，梨被认为有"分离"之意，送钟音似"送终"，因而这两样东西一般不要送给病人、夫妻和老人。在中国香港和中国台湾地区，人们一般忌讳送剪刀、伞和梅花，因为这些东西常被认为有"一刀两断""散伙"和"倒霉"之意。

二、西方人的送礼习俗

对西方人而言，送礼也是他们巩固和加强人际关系的重要方式。与中国人一样，在朋友或

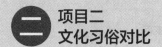
家人生日、订婚、结婚、结婚周年、孩子出生、乔迁、学生毕业、探望病人、节假日以及周末访客等场合,西方人也会送上一份合适的礼物,如鲜花、盆花、书籍、手工制品、名酒、巧克力、小工艺品等。西方人非常重视孩子出生和洗礼时的送礼。美国的"灵浴"或"迎婴派对"是孩子出生举办的仪式,而不是中国的"满月酒"。教父和教母按传统送去银杯、银碟或调羹,应邀参加洗礼仪式的人通常会带一件精美的礼品。

与中国不同的是,元旦、春节不是他们的送礼节日,圣诞节前夕才是西方人送礼的大节。此时,亲人之间、朋友之间、同事之间、员工之间,甚至邻里之间都会互赠礼品。而 2 月 14 日的情人节(送鲜花、巧克力)、4 月初的复活节(给孩子送巧克力彩蛋)、母亲节和父亲节(送贺卡、鲜花等)以及 11 月的万圣节(送孩子零钱和糖果)都是西方人需要送礼的重要节日。在西方国家,人们更多的是当面送礼。西方人对礼品只重意义,不重价格,经济实用是他们的送礼原则。给邻居、好友送自己亲手做的菜肴、蛋糕或自家花园里栽培的花卉,都会起到沟通情感的作用。另外,如果对自己该送何种礼物感到为难或要考虑对方的爱好时,打个电话或发个邮件询问对方的做法在中国非常少见,但在西方国家却很常见。西方人送礼时一般会表达赠送礼物的寓意、特点及用途,同时告知对方礼物是经过精心挑选的,而不会说中国人爱说的"拿不出手"或"不值钱"等客套话,否则受礼人会无法理解。

在西方国家,送礼同样也有一些忌讳的东西。例如,菊花一般只用于万圣节或葬礼,其他时候送则不适宜。但雏菊是英国较为常见的野花,少女们对它情有独钟。在英国人看来,白色的百合花或一束红白两色的花往往象征死亡,因而不宜送人。

在西方国家,生日、毕业等场合应该由朋友主动出面举行庆祝仪式,而在中国则要等待当事人发出邀请。西方人送的礼物通常小而精,价格不贵,但包装精美。和中国不同的是,西方人收到礼物都会当面拆开,并当场表示感谢,及时的感谢会让朋友倍感欣慰。即使你确实不需要或不喜欢收到的礼物,也有必要表示感谢。但在中国,收受礼物的人说声谢谢便把礼物放在一边。

总之,无论在西方国家还是在中国,送礼都是人们表达某种情感或意愿的一种途径。不管你送礼的目的是什么,对象是谁,在送礼的过程中都要考虑受礼人的地方风俗、礼俗或习俗,再根据其职业、年龄、爱好、习惯等选购较有意义或较实用的礼物。另外,还要把握好送礼的时机和采用合适的送礼方式。

送礼、收礼常用英语表达有:

Here's a small souvenir from Beijing.

I have a surprise for you.

This is for you. I hope you'll like it.

It's very nice. I really like it.

That's just what I wanted.

Thank you for the nice gift, but I can't accept it.

Thank you. May I open it?

Oh, a watch! Is it really for me?

I'm so glad you like it.

This is the best surprise I've ever had.

Wow, what a wonderful gift.

三、泰、老、缅、越等国家的送礼习俗

给泰国人送礼,最好选有包装的食物、糖果等,并以右手递给受礼者。如果泰国人送你一件礼品,在接受礼品前应先双手合十向他们表示感谢。除非对方要你打开,否则不要当面打开,因为当面撕开包装纸打开礼物在泰国人看来是很粗鲁的行为。泰国人喜欢用色彩明亮的包装纸和缎带包装礼物。

去老挝人家做客,应备礼品,而且包装应该美观。常用礼品有花篮、工艺品、烟酒等。在参加婚宴等喜庆宴会时,人们一般习惯送现金。接受老挝人赠送的礼物时一定要用双手迎接。缅甸人送给别人东西时,必须在星期一至星期六进行,星期天禁忌送礼,尤其忌送衣服、纱笼等。

越南人接收礼物时不能立刻打开或直接评价,否则被视为不礼貌。受西方文化影响,越南人讲究礼物的包装,礼物大小适中,便于对方携带。越南人喜欢精致的礼物,红酒是首选。

日本人访亲问友、参加宴请都会带礼物。接、送礼物时要用双手,也不能当面打开礼物。再次见到送礼的人时要提及礼物的事,并表示感谢。忌送梳子,也不要送有狐狸、獾图案的礼物,因为梳子的发音与死相近。另外,菊花一般是王室专用花卉,因此一般人也不能送菊花。

【任务布置】

1.分组讨论电影《喜宴》中哪些情节体现了中西方不同的送礼习俗差异?分角色表演电影相关情节片段。(中英文台词表演)

2.情景对话:分析下列案例并分角色表演以下情景。(中英文台词表演)

[案例1]

David 第一次去中国朋友小安家做客,带了点礼物送给小安的母亲。可是他母亲却说:"您这么客气干什么呢?您还是拿回去吧。"David 很是不解,正不知所措的时候,他母亲又说:"真不好意思,让您破费了,下不为例。"于是把礼物接过来放到一旁。

问题:你认为小安的母亲对 David 送的礼物是不满意呢,还是她确实不想要?

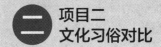

[答案提示]

中国人在接受礼物前一般会拒绝几次才收下。当中国人最后收下礼物后,不会当面拆开礼物。而西方人在这方面显得更直接,他们会很乐意地收下礼物,然后说:"How sweet you are."接着打开礼物,说:"Very beautiful. Thank you so much."所以,这里小安的母亲是出于客气说的这些话,而不是不想要。

[案例 2]

由于你表现突出,美国上司给你加薪还当众表扬了你,你是否应该赠送上司礼物作为回报? 为什么?

[答案提示]

在美国,这种情景是不应该给上司送礼物的,如果送礼会让上司误解。因为其他员工会误解他是否对这个员工特殊照顾,所以这个员工才送礼。如果收了礼,在员工做错事时就不好进行批评。许多美国公司都有规定不允许收受员工的礼物。

任务六　学习称赞习俗

【学习目标】

1.能分析中西方在恭维或表扬习俗上的差异。
2.能预判和避免在称赞过程中可能出现的误解。
3.能用中英文恰当地表达称赞用语。

【课程导入】

称赞是各种语言和文化共有的言语交际行为。称赞语是说话者对听话者具备良好素质的赞美,是人们用以维系各种人际关系的重要手段。在影片《结婚大作战》中,街上陌生的男子对女主角艾玛说:"Hey girl, you look so hot !"艾玛看了一眼并回报一个迷人的笑脸。而在中国,男孩也许会遭到一顿骂。在电影《疯狂的石头》中,谢胖子搭讪女孩时说:"美女,你长得好漂亮,交个朋友呗。"女孩只是骂了他一句:"流氓!"由此可以看出,在中国文化中,女性的外貌仪表虽然是一个被恭维的内容,但不占主导地位,要根据亲疏程度而定。在称赞对象上很少称赞自己及家里人,在称赞应答上也多以否定回答为主。与中国人相比,英语国家的人们更重视称赞的作用,乐意听到别人的恭维话,同时也乐意赞扬别人。东西方人称赞及应答方式的不同,是双方的文化差异造成的,只有了解彼此间的文化差异,才能相互理解,也只有这样,才能得体地运用语言,从而达到预期的交际效果。

【学习任务】

称赞是一种语言交际行为。表面上看,称赞是对一个人的优秀品质、超凡的能力、出色的工作、端庄大方的仪表、漂亮的衣饰以及其他个人良好素质和精美器物表示赞许和褒奖。实际上,它具有重要的社会功能。在打招呼、邀请、致谢、祝贺、开始或结束谈话、摆脱某一尴尬局面等语言行为中,处处可见称赞语的妙用。称赞语作为一种社会交际用语,它不仅可以缩短交际者之间的距离,而且还可以联络感情,维系正常的人际关系。受中国传统儒家哲学的影响,中国人强调尊重和服从别人的言语。因此,对待赞美语的传统思想的特点是通过贬低自己来显示对他人的尊重。相反,在以英语为母语的国家,人们的言语行为的表现往往与他们的文化传统有关,特别强调每个人的权利和自主性。所以他们往往不仅承认赞扬,而且也表明他们接受或同意赞扬。不同的文化背景都会使其称赞语的内容、语言形式、应答模式带有不同的文化烙印。

一、中国人的称赞习俗

中国文化礼貌的核心是"自谦尊人"。它是以儒家的中庸之道为原则,包括两个方面:一是自己要谦虚谨慎,必要时甚至贬抑自己;二是对他人要尊敬,必要时可抬高他人。同时,中国文化还注重群体而非个人,崇尚相互依存而不是相互独立。所以在称赞对象上很少称赞自己及家人,在称赞应答上也多以拒绝为主。中国人受集体主义思想的影响形成了群体取向的价值观,更强调个人与他人以及群体的关系,强调群体的力量。人们在交际时,强调人与自然、人与人之间的和谐统一关系。在工作中,人们相互依赖、相互合作,强调集体成果。另外,中国人

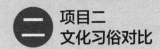

崇尚传统的人文美德,认为谦虚就是美德。因此,中国人受中国传统价值观的影响,对别人的称赞或恭维总喜欢采取拒绝或不正面承认的回应模式。他们常常适当地贬低自己的才能、水平以及所取得的成绩,谦虚地回答"哪里,哪里!还差得很远""不敢当""过奖了"等,以表示自己受之有愧。即使有时想显露自己的某种才华和技能,也是以自贬的方式表达。在《礼仪全书》一书中提到的对他人称赞的方式有:(于明,1993)

①暗度陈仓法。即称赞和其关系密切的人以达到称赞的目的,例如:"你的徒弟不错,真是名师出高徒啊。"

②借花献佛法。即借用他人的话达到称赞的目的,例如:"听人讲,你英语说得特好。"

③抑扬巧辩法。这是一种抑一方、扬一方以进行对比的方式,虽然能达到称赞的效果,却也容易伤害别人,故要谨慎使用。例如:"您的文章我拜读了,发表在那家杂志上实在是委屈您了。"

当然,也有许多中国人表示接受称赞。比如:

例1:

A:你最近表现不错。

B:我也是这么认为的。

例2:

A:你的英语口语真好。

B:是吗?

第二个例子并不是质疑称赞,而是用反问的方式表示接受称赞。中国人爱称赞老年人高寿,可在西方这是一个禁忌,西方很忌讳"old"一词,他们认为"old"有不中用的含义,所以一般称老年人都用委婉语"senior citizen"。而中国人则不然,问老年人高寿是常有的事,我们也能常常听到这样的赞美之词:"姜还是老的辣""老当益壮""老骥伏枥,志在千里"等。

二、西方人的称赞习俗

西方一向崇尚个性自由,评价事物突出个人感受,且直截了当,坦率直白,所以英语称赞语中常用代词"I(我)"开头。在西方国家,称赞的内容多集中在人们的才智、技能、表现、业绩等优秀品质上。在西方文化中,"个人奋斗"和"个性体现"是十分重要的理念,也是追求自我价值的表现。因此,关于个人的外貌仪表的积极评论,尤其是对服饰和发型的评论,在称赞的内容中占据了最主要、最突出的地位。而且这类称赞的接受者多以女性为主。比如,女士经常受到男士的恭维:"You look nice today.""You look so sexy."而女士听到这样的赞美会非常高兴地说:"Thank you."西方人通常以直接的方式称赞他人,被别人称赞时,西方人通常会欣然接受。例如:

A:You're looking very smart today.

B：Thank you. So are you.

此例中，B 给了 A 积极的回答，并顺便称赞了对方，这种交际在西方人看来是司空见惯。

在西方文化中，无论与朋友还是陌生人见面，为了表示友好，人们常用称赞语来打开话题。比如，上司可以和他的下属以这样的方式打开话题："Your bag is beautiful，I like it."问候体现礼貌、身份或地位以及相互间的平等关系。老朋友彼此多时不见，偶然相遇便听到这样一声问候："Hi Peter，you still look so young and handsome."显然，这比诸如"Good morning!""How are you?""What are you doing?""How's everything going?"之类问候语更能使人感觉舒服。

称赞常用英语表达有：

I'm glad you did…

I'm pleased you did…

I like the way you did…

I admire the way you do…

I've never seen such a…

What a nice coat you have!

You look very smart today!

What a wonderful house!

It matches your suit perfectly.

You've certainly given us a very good lecture.

You have a beautiful smile.

You have a good sense of humor.

You gave an excellent speech.

The dinner is great.

That's a very nice suit you've got on.

That was a marvelous speech.

I'd like to congratulate you and your wife on this happy occasion.

You look wonderful this evening!

This is a lovely dinner.

What a nice living room，so comfortable!

I appreciate your new car.

Well done，Johnson!

It's very well deserved!

You must be terribly pleased!

对表扬的答语有：

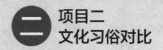

Oh, I'm glad you like it.

I'm glad you think so.

I'm delighted you think so.

How kind of you to say that.

I'm glad to hear that.

Thanks for saying so.

三、英汉称赞语回应的用法差异

赞美语的回答无处不在。我们平日生活里到处都可以听到赞美语,这表明了赞美语回应是言语行为的一个常见特征。英语和汉语在语用和文化方面存在很大差异,造成英汉赞美语应答的文化差异主要有两个原因:首先,在某些情况下,赞美往往被中国人看作不恰当的或不礼貌的。因此,中国人在听到赞美语时就不知如何应答。第二,我国的传统文化暗示人们应对赞美语时应当采取否认策略。在谈话中,我们往往会在维护自己面子的同时尽量维护对方的脸面。具体来说,中国人普遍认为面对他人的赞美时应该回绝,这样才显得更谦虚,而美国人则经常采用直接接受的策略以示对他人的礼貌。例如,中国家长认为如果夸自己的孩子或是接受别人对孩子的称赞会显得不很谦虚,所以他们往往拒绝别人的称赞。相反,美国人则会欣然接受他人对自己孩子的赞美。如果生活在美国的华人听到别人说"Your child is so smart."(你家孩子真聪明。)的赞美后,回答"No, he isn't."(不,他一点都不聪明。),就违背了合作原则和礼貌原则,从而导致了跨文化交际失败。

四、英汉称赞语回应的不同策略

1.欣然地接受赞美语

"Thank you!"

"Yeah, I think it went well, too."

"I am glad you liked it."

以英语为母语的人们所生活的环境,崇尚他人的夸奖和赞美,所以他们会很欣然地以接受的方式来回答赞美语。然而,以前中国人接受不了这种回答方式,因为他们认为接受别人的赞美在某种程度上就意味着自傲或是不谦虚。但是随着社会的发展进步,中国与世界各地的文化交流日益频繁,如今越来越多的中国人开始接受并使用这种回答方式。

2.转移回答

"You are such a good player."

"You played very well, too."

转移回答是指对方并没有直接针对称赞语回应,而是把话题转到与赞美者的说话意图有

关的方面。再如,当你在做饭时朋友说:

"It smells so good."

你回答:

"If you think it is okay, please have some more."

如果用以上两种回答策略,被赞美的人表示同意或接受别人对自己的积极评价。同时,赞美的人也同样值得赞美,这样受赞美的人通过减低原来被表扬的力量来使自己处于很谦逊的位置。

【任务布置】

1.分组讨论:电影《结婚大作战》和《疯狂的石头》哪些情节体现了称赞习俗?分析中西方称赞习俗的不同。分角色表演电影相关片段。(中英文台词表演)

2.情景对话:分析下列案例并分角色表演以下情景。(中英文台词表演)

[案例1]

Mark 是美国一所成人学校的老师,Susan Li 是来自中国的一名学生,下课后,Mark 赞扬 Susan Li 在英语学习上的进步。然而 Susan 回答:"No, it's not true. I'm not a good student."这个回答令 Mark 百思不得其解。

[答案提示]

Mark 和 Susan Li 文化背景不同,而他们又从自己的文化规范去期待对方的回应,因此造成了文化交际上的不顺畅。作为美国人的 Mark 真心地称赞 Susan Li 的学业进步,期望的是一种接受式的回应模式。但是 Susan Li 是中国人,她习惯的回应方式是谦虚,这就造成了交流障碍。如果 Susan Li 了解美国的称赞习俗,接受赞美,她就能够顺应美国的称赞与应答模式而做出适当的回应,回复"Thank you."这也是大多数美国人的习惯。

[案例2]

刚到美国的华人小林听到邻居 Ann 对自己的儿子"Your child is so smart."的赞美后,小林回答:"No, he isn't. He is noisy." Ann 不能够理解小林为何作出这样的回答。

[答案提示]

一些中国家长认为如果自夸孩子或是接受别人对孩子的称赞会显得很不谦虚,所以他们往往拒绝别人的称赞。相反,美国人则会欣然接受他人对自己孩子的赞美。

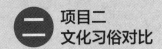

任务七　学习禁忌习俗

【学习目标】

1.了解中西方宗教文化、饮食文化禁忌习俗。
2.能预判和避免不同文化成员之间在商务宴请过程中可能出现的误解。

【课程导入】

禁忌是世界各民族共有的文化现象,文化禁忌是指在某个民族或宗教传统文化里禁忌的一些事物、行动或言语,只是不同国家禁忌的内容和形式不同而已。在影片《摔跤吧！爸爸》中,印度歧视女性这一古老传统根深蒂固地影响着人们的思想和行为,而影片中的父亲打破了这一禁忌,让女儿参加只对男人开放的比赛,击败一个个强壮的男性对手。正如爸爸对女儿说:"你的胜利属于全国的女孩。"在男性主导的印度社会,摔跤冠军是为数不多的能够获得认可的荣誉,拿到它就能代表女人冲破这种传统文化禁忌,成为这片尚处思想蛮荒状态的土地上的觉醒者和先行者。

【学习任务】

一、禁忌的界定

禁忌一词英文为"taboo",这个词汇的起源是太平洋波利尼西亚群岛的波利尼西亚。它的含义原本是神圣的、不可侵犯的、难以接触的、需要非常注意的事,常常指人们对神圣的、不洁的、危险的事物所持态度而形成的某种禁忌。不同的国家有着不同的文化背景,差异也比较大,这样的差异显示了不同地域不同的文化和禁忌。影响一个地区的文化禁忌因素有很多,包括历史、传统、宗教、价值观、世界观、社会结构、民俗、发展阶段和方向、治理制度等。禁忌属于风俗习惯中的一种观念,是一种自觉自愿的自我抑制,建立在共同信仰的基础之上。禁忌普遍存在于民间,是民间在自然状态下的自我禁制形态。禁忌代表了一个民族约定俗成的禁约力量,是一种心理意愿上的自我限制。

二、宗教文化禁忌

宗教文化是造成文化禁忌差异的主要原因。由于宗教信仰的关系,长期以来形成一定的宗教习惯和忌讳。在信奉基督教的国家里,门牌号码、旅馆房号、楼层号、宴会桌号、车队汽车的编号等都不用"13"这个数字,宴会也不安排在"13"日举行,更忌讳"13"人同席共餐。相传"13"正好是耶稣基督与门徒进行"最后的晚餐"时的总出席人数。耶稣基督一共有12个门徒,加上他自己,正好是"13"这个数字。其中一个门徒名叫犹大,他是第十三个加入这顿晚餐的人,正是他出卖了耶稣基督。至于"星期五",则是因为耶稣基督于星期五被钉上十字架,而使人们感到害怕。过去,很多基督徒不会在星期五出远门,因为他们害怕事情如果开始于星期五,从开始就会有厄运伴随。星期五和数字13都代表着坏运气,两个不幸的个体最后结合成超级不幸的一天。所以,不管哪个月的13日又恰逢星期五就叫"黑色星期五"。

在泰国、老挝、柬埔寨和缅甸等信奉佛教的国家,社会生活中的一举一动都禁止对佛祖不敬。在参观宗教寺庙时,若寺庙里正在举行宗教仪式或者宗教聚会,不可贸然进入。若是进入的寺庙供有佛像,进入之前一定要脱下帽子、太阳眼镜、鞋子。衣着服饰要干净整洁,合乎场合,若是穿着短上衣、无袖衬衫、高于膝盖的短裙、短裤等暴露身体部位过多的服装,则需换上合适的服饰再入寺参观。在佛寺不准用手摸佛像,更不准用身体的某个部位触及佛像。此外,女性禁止触碰僧侣,即使是短暂轻微的触碰也不行,若需和僧侣交接物品,需通过在场的其他男性转交。即使没有身处寺庙,也需格外注意自己的言行。在缅甸若是乘坐公交车,僧侣旁边的座位不可以同坐。在柬埔寨,禁止将脚指向宗教寺庙。

佛教国家都有不得随意杀生的传统。缅甸各处可见各种鸟类在林间花间嬉戏玩耍,当地人持有不杀生的传统。他们将乌鸦视作"神鸟",十分爱护它。老挝、泰国、柬埔寨等对牛很崇信,特别是黄牛、水牛,如神灵一般受到保护。所以,遇到牛时不仅要躲开,而且不能伤害它们。

在马来西亚、文莱、印度尼西亚等主要信仰伊斯兰教的国家,在进入圣地特别是清真寺时,务必脱掉鞋子,并禁止携带管制刀具等入内。若是遇见正在祷告的穆斯林,不能从他的面前经过,更不能打扰他。不得随意在寺内拍照,禁止触摸《古兰经》。女性进入圣地时不能穿着吊带、背心、无袖服装、短裤等。在信仰伊斯兰教的一些地方,清真寺禁止女性进入。

三、饮食文化禁忌

饮食是人类生存必不可少的用餐方式和礼仪。烹饪的食材反映出不同地区人们的生活方式,体现出各自的文化传统。由于受到不同的宗教信仰、民族习惯、地区物产和地理气候的影响,各个地区的饮食文化也拥有其独特的文化色彩,因此宗教文化也渗透到饮食文化禁忌

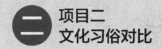

之中。

基督教不能吃任何动物的血,如鸡血、鸭血、猪血等,故凡是血都不能吃。任何带血的动物都必须洗干净才可以吃,绝不可以吃带血的肉。

天主教为纪念耶稣基督在十字架上受难,以及他舍生取义的精神,制定了"守斋"的规则,即大斋与小斋。小斋,即素食,就是在星期五这一天,禁吃猪、牛、鸡、飞禽、羊的肉,但鱼虾等可以食用。大斋是教会规定于每年复活节前40天内守斋,故称封斋月。每年在圣灰礼仪日和耶稣受难日,凡18~60岁的信友都必须守大斋。大斋日这天午餐可吃饱,早、晚可按本地习惯吃少许点心。信友因故不能守斋的,可请求"豁免",如孕妇或哺乳婴儿的妇女可以不守大斋。

在信仰伊斯兰教为主的国家,对伊斯兰教的信仰直接影响人们的饮食习惯。《古兰经》规范着穆斯林的饮食习惯,注重饮食清真,严格规定禁用的食物,包括猪肉、血液、自死的动物等,禁止饮酒。马来西亚和文莱人使用右手用餐,夹菜时只能使用右手,禁止直接用手夹餐盘里的菜,每个餐盘的旁边都放有公用筷子和汤匙,必须先通过公用筷子和汤匙将菜夹入自己的餐盘,再用右手小口食用。

佛教国家通常不食用大块的肉,例如泰国人食用的肉类都需切成小块;老挝的佛教徒午后全部禁食需咀嚼的食物;柬埔寨大多数佛教徒保持着"过午不食"的风俗,他们不愿杀生,食用动物肉也不多;缅甸的佛教徒同其他佛教国家不同,他们能够食肉,但是通常都不食牛肉,因为牛在当地是神圣的动物。

四、中西方宴请餐桌安排差异

商务宴请是跨国贸易中加深彼此好感,促进合作达成的有力手段。在宴请安排中,要注意规避不同文化之间在宴请过程中出现的误解。在商务宴请中,中国人喜欢安排圆桌,这样可以保证每一个人的视线都不会被挡住,方便与客人说笑和交谈。在中国,无论是日常座次还是家宴、商务宴通常会以"左"为尊位,宴请方要将地位尊贵的客人安排在左边的座位上,再依次安排。

西方人主张"Ladies First, Respecting Women",以"右"为尊位是西方宴会安排座位的惯用标准。西式宴饮中,最正规的餐桌为长桌,席位排列的原则:女士优先、恭敬主宾、距离定位(越是重要的客人离主位越近)、以右为尊(男主宾坐在女主人右侧,女主宾坐在男主人右侧)、面门为上、男女穿插。因此,西餐的席次排列主要有两种情况:一是男女主人坐在长桌两端,女主人坐在离门远的一端,其右边和左边分别是男宾甲和男宾乙;二是男主人在女主人对面就座,其右边和左边分别是女宾甲和女宾乙。西方礼仪中女士优先的观念,在宴会活动中得到了充分的体现。

五、某些国家用餐礼仪禁忌

中国人宴请格外讲究排场,美味佳肴数目繁多,并且不断劝说客人喝酒、代客夹菜,认为只有这样才能体现出宴请方的热情好客,且用餐期间大声劝酒,体现主人的热情好客;而西方国家即使是正式的宴会,菜肴数目也不多。宴请方不会勉强客人,对待客人的态度是自便,客人自己取用食物,吃多少取多少。除此之外,在宴请西方人时,要考虑到西方人的饮食禁忌。

韩国和朝鲜人在吃饭时不能边讲话边吃东西,如果随便出声,极可能引起人们的反感。

保加利亚和尼泊尔等国家习惯上点头表示"不",而摇头才表示"是"。当主人请外来的客人喝饮料的时候,客人如果点头,那就只好看人家喝。英国、中东地区的一些国家对主人提供的饮料,客人以不过3杯为宜。

在印度和中东一些国家吃饭和拿接食品,只能用右手,绝对不能用左手。因为一般左手是用来洗澡、上厕所的,不洁净,所以用左手拿接食品是不礼貌的。

六、餐桌交谈礼仪禁忌

与英国人一起用餐,吃饭时忌谈生意。相反,美国人则可边吃边谈,而且还会谈得很起劲,成功率也比较高。无论在哪里,急于要和近旁的某人交谈时,最好不要隔着人交谈,特别是隔着两个人以上,尤其不要大声与餐桌对面的人谈话。满嘴吃东西时不要交谈,不要为了急于想讲话而吃得太快,不要一次往嘴里塞很多食物。如有人跟你说话,应等嘴里的食物吞下后再开口。若因健康或习俗等原因不能吃某道菜时,不要明显地表示拒绝或厌恶,更不要做太多的解释,尤其不要谈自己的疾病。与近旁的人说话,音量不要太高,但也不要耳语。不要打断别人说话,也不要打听餐桌上别人谈话的内容;说话不要过多,口若悬河地一个人长谈是容易让人厌烦的。

七、国际商务礼仪禁忌

国际商务礼仪是人们在国际商务活动中应该遵循的礼仪原则和方法,是公司或企业的商务人员在国际商务活动中,为了塑造个人和组织的良好形象,对交往对象表示尊敬与友好的规范或程序。国际商务礼仪与国内商务活动不同,必定要受到中外文化差异、历史、地理、宗教、风俗习惯和禁忌的影响。因此,尊重对方的风俗禁忌,恰当地把握交往分寸,可以避免产生不必要的误会。增进彼此间的友好往来,有利于建立良好的合作关系,为后续合作打下基础,给对方留下良好的印象,提升公司的企业形象,展现公司专业的国际商务礼仪。

1.隐私权

凡涉及个人隐私的一切问题,交谈时均应回避。具体而言,就是要做到五不问。一是不问年龄。特别是外国妇女,一般24岁以后就不会再如实告诉别人自己的年龄了。二是不问婚否。对妇女尤其如此。三不问经历。四不问收入。此外那些能够反映个人收入状况的问题:服饰的价格、汽车的型号、住宅的大小等都不宜触及。五不问住址。与外国人初交,不能要求对方留下住址。外国人一般不随便请人到家里做客,若留下地址则不排除被人找上门去打搅

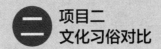

的可能;若是对方要求留下地址,就是另外一回事了。

2.小费

在世界各地,饭店里的侍者算是拿小费最多的行业。在欧洲,所有的饭店在算账时都要收取 10%~15% 的"服务费"(即小费)。收小费的方式各地也不一样,很多饭店、餐厅采取直接在账单上列明加收 10%~15% 的服务费的方式。但在日本,一般情况下不用付小费,当游客把钱塞到他们手里时,许多人会拒绝接受。新加坡则禁止付小费,客人付小费会被认为是服务不好。

3.非语言交际行为

西方人进行商务活动时不喜欢双方距离太近,习惯两人的身体保持一定的距离。一般保持 120~150 厘米的距离,最低也不得低于 50 厘米。

柬埔寨人、马来西亚人、尼泊尔人、印尼人认为左手不干净,不用左手传递东西。他们还认为头部和背部是神圣不可侵犯的地方,忌讳他人用手触摸自己的头部和背部。不仅如此,他们还认为,用右手食指指向某物或某人,会给对方带来厄运。其他国家对于左右手的使用都有着很清晰的立场,即右手礼貌原则。基于这些国家的社会道德标准,对别人使用左手就是对他们的不尊重。在人与人的交往中,用左手指向人或物、用左手传递物体、在收受别人礼物时用左手来接,都是不礼貌的行为。

孟加拉国、马来西亚、印度尼西亚、文莱等国家的人都不喜欢被别人拍照,不爱看别人翘起大拇指,讨厌别人拍打自己的后背。

4.对待时间的态度

跨文化交际学的奠基人,美国著名的人类学家爱德华·霍尔(Edward Hall)提出人类时间观念有两种文化模式,即"时间的单一性"和"时间的多样化"。

霍尔认为单一性时间是西方国家的时间模式,而多样化时间是亚非拉地区的模式。东方人倾向于晚到、随意对待时间,而西方人却有着强烈的时间观念,做任何事情都按照时间表去完成。这种对待时间的态度差异在中西商务活动中,首先体现为东方人不严格执行已经预约过的约会,而西方人则重视预约,严格执行预约时间,安排商务活动。其次,在商务谈判中,西方人倾向于直接说出此行的目的,而东方人却倾向于通过间接方式达到自己的目的。

5.握手

在商务活动中,中国人为了表达自己的真诚热情好客,握手之后,通常不立即松开,而是长时间紧紧地握着对方的手,甚至对熟悉的合作伙伴还会拍拍背部。而西方人则会在有力握手后松开,忌互相攀肩。

6.赠送礼品

在中国,由于中国的酒文化历史悠久,送礼也就喜欢送酒。但是伊斯兰教是禁酒的,因此在伊斯兰国家,把酒作为礼物是不可取的。给文莱人或者马来西亚人送礼,切记不要有动物或者人物的图案。在缅甸,送礼禁止送纱笼(一种当地人穿的裙子)。柬埔寨人禁止用孔雀或者印有孔雀图案的物品当作礼物。在收到礼物之后,回礼也是一种礼貌。在中国,接受礼物前会说很多客套话,还要推辞几番再收下礼物。而在泰国,人们喜欢互赠礼物,接受礼物前无须说很多客套话。

7.交流用语

在与西方人进行贸易活动时,除了言语得体、礼貌之外,还要注意通话时应避免使用"I am ××.或 Who are you?"等过于中式化的回应。比如,对"Hello, is that ××?"应回应"This is ××."或"×× is speaking."

在商务活动中称呼西方客人时,可以直接称呼人名,避免用"Manager Kan"等连职位带姓的称呼;在与西方人打招呼时,要避免用"吃了吗? 吃了什么?"的问候方式,而要说"Hello, It's a nice day, isn't it?"

委婉语是一种在商务交际中实现双方顺利完成贸易活动,又使双方都感到合适的表达方式,其用较含蓄的语言来表达强烈的、难以启齿的内容。中西方都有自己的文化传统和语言禁忌,但避免使用令人不悦语言的心理是一致的,例如,死亡、疾病、性等语言,可以用委婉语来替代。

总之,遵循商务礼仪有着至关重要的作用。只有通过了解商务礼仪常识,才能更好地规避商务活动中可能出现的误解,实现更好地对外沟通,不断拓展商务活动。

【任务布置】

1.分组讨论:电影《摔跤吧! 爸爸》哪些情节体现了印度禁忌习俗? 分角色表演电影相关片段。(中英文台词表演)

2.分组活动:用图表列出中西方宗教文化禁忌、饮食文化禁忌、国际商务礼仪禁忌,进行展示和说明。

小 结

在实际生活中,我们交际时所遇到的最大的障碍来自因价值观念和思维方式的不同而产生的文化习俗差异。不同文化背景的人们说话方式或习惯不尽相同,各有各的语言规约或习惯。如果一方对另一方的社会文化传统、文化习惯缺乏了解,交际时就会产生文化冲突或交际障碍,甚至会引起误解。因此,分析和研究在交往过程中因文化差异而产生的文化冲突,具有十分重要的现实意义。了解文化习俗差异,可以增强对文化的敏感性,培养跨文化交际意识,避免因习俗差异而产生的交际障碍或误解,有效地进行跨文化交际。

实践篇

项目三

跨文化交际
职场情景对话

任务一　职场中如何进行问候

情景一：如何与新同事打招呼

角色：Mr. Wilson（老同事，地位较高）

　　　Mr. Bender（新同事）

时间：中午 11:30

地点：公司办公室

观众：其他同事

文本：

Mr. Wilson：I'm not sure we've met. My name's Jim Wilson.

Mr. Bender：Nice to meet you, Mr. Wilson. I'm Mark Bender.

　　　　　　（shake hands）

Mr. Wilson：Oh, you can call me Jim. I haven't seen you around（我还没见过你）,Mark. Are you new here?

Mr. Bender：Yes, actually Monday was my first day（事实上周一是我工作的第一天）.

Mr. Wilson：Well, welcome aboard（欢迎加入）. How's everything going so far（到目前为止一切都进行得怎样了）?

Mr. Bender：Things are going well（一切都好）, Jim. I'm really looking forward to working with you guys.

Mr. Wilson：That's good. I'm excited to hear that you will be working together with us. Let me know if you need any help from our company. Hey, have you eaten yet, Mark? I'm going to get a bite（随便吃点）at the Chinese restaurant across the Longquan Road. Would you like to join me?

Mr Bender：That sounds great, Jim. I would like to join you. Let me get my jacket.

【重点提示】

1.第一次跟老同事或地位较高的同事谈话时,新同事不要直呼老同事的名字,以后则可以用老同事的名字来称呼他。例如句型:

Mr. Wilson：I'm not sure we've met. My name's Jim Wilson.

Mr. Bender：Nice to meet you，Mr. Wilson. I'm Mark Bender.

Mr. Wilson：Oh，you can call me Jim.

2.在美国,吃工作餐是很平常的事情。如上述对话中主动邀请新同事吃饭,可以更加了解彼此,增进关系,但通常是各自买单。

情景二：如何与职场中的重要人物寒暄

角色：Joe(大学生,学习旅游专业)

Bob Jones(海外旅行社市场部经理)

时间：晚餐后

地点：Joe 家中的聚会

观众：无

文本：

Joe：Hi, you're Bob Jones，right?

Bob：Yeah，I am.

Joe：Oh，hi Bob. My name is Joe. I'm Cheryl's son.

Bob：Oh，you're Cheryl's son? She's told me a lot about you.

Joe：All good things，I hope! (laughing)… So，my mother tells me that you work for Overseas Travel Service.

Bob：Yeah，I'm working on some marketing projects over there.

Joe：Wow，that must be quite a challenge to work on marketing projects as a Westerner in a Chinese context (中国背景). I spent some time studying Chinese and I know some of the challenges of doing business there…

【重点提示】

1.在介绍自己时,点明自己和介绍人的关系。例如："My name is Joe. I'm Cheryl's son."

2.尽管 Jones 的职位比 Joe 高,年纪可能也比 Joe 大,Joe 仍然可以和他开一些玩笑。例如："All good things，I hope!"恰当的玩笑能拉近两个人的距离,给他人留下较深的印象。但是,对于非英语母语者来说,幽默的使用必须谨慎。如果你对美国式的幽默不太了解,或者对那位重要人物的性格还不太了解,还是不要冒险开玩笑。

3.在谈话中,一定要表现得自信,但不能表现得过于自大,夸夸其谈。眼神交流,强有力的握手也都是必需的。

4.在适当的时候发表自己的评论,找到这位重要人物感兴趣的话题,对给他人留下好的第一印象十分重要。

【主要句型】

I'm not sure that we've met. 我不确定我们已经见过面。

Welcome aboard. 欢迎加入。

I'm really looking forward to doing.... 我真的期待做某事。

A bite to eat. 随便吃点儿。

Would you like to join me? 你愿意加入我吗?

How's it going? 进展得怎样?

Not bad. 还不错,还可以,还好;相当好;不太坏;还过得去。

【任务布置】

结合以上情景对话,请分组完成以下任务:

任务1:你是刚到一个公司的新职员,茶歇时主动与不认识的同事打招呼。

任务2:你在朋友家中的聚会遇到你的上司,于是上前与上司寒暄。

任务二　职场中如何自我介绍或介绍他人

情景一:应聘者如何进行自我介绍

角色:应聘者/人事部经理

时间:上午9点

地点:某旅行社人事部办公室

观众:人事部工作人员

文本:

Hi, my name is Xiaowen Zhong. You can call me Xiaowen. I'm from China, and I graduated from Yunnan College of Tourism. I heard that your company would recruit one English tour guide. I have got the certificate of tour guide licence and I had some experiences guiding the foreign guests

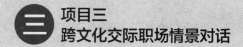

from USA. I look forward to being a guide in your company and join with you guys.

【重点提示】

应聘的自我介绍要简短、直接,自我介绍一般由名字、教育背景、工作经历等组成。最后表明自己的愿望和特长,强调自己有能力和有意愿到该公司工作。

情景二：如何询问老板是否有应聘机会

角色：Pete Stewart(实习生)

　　　Chris Jefferson(实习负责人)

　　　Receptionist(接待员)

时间:下午 2 点

地点:Pete Stewart 在家里,老板在办公室

观众:无

文本:

Receptionist：Good afternoon, may I help you?

Pete：　　　Good afternoon, may I speak with Chris Jefferson?

Receptionist：May I ask who is calling please?

Pete：　　　Yes, my name is Pete Stewart, and I am calling in regards to（有关……）an internship application（实习期申请）.

Receptionist：Okay, Mr. Stewart, one moment please.

Pete：　　　Thank you.

　　　　　　(transfer Pete to the boss)

Chris：　　　This is Chris Jefferson, may I help you?

Pete：　　　Good afternoon, Mr. Jefferson. My name is Pete Stewart and I am calling in regards to the resume that I sent you last week. I just wanted to make sure that you received everything okay, and to ask if there were any questions that you might have about my application.

Chris：　　　Oh, hi Pete. Yes, I received your information last week and it looks good.

Pete：　　　Thank you.

Chris：　　　I am going to be scheduling interviews at the end of the week, so I'll get in touch with you then to set up a meeting.

Pete: That sounds great. I appreciate it.

Chris: Great, I'll talk to you then.

Pete: Okay, thank you very much!

Chris: That's all right. Good bye.

Pete: Bye.

【重点提示】

1.为了给老板留下一个好的印象,应聘者 Pete 说话的方式,包括信心、发音、礼仪都很重要。商业上的对话跟平常生活中朋友间对话有一些不一样的地方。商业环境中的对话所用的词汇和套语比较正式,比如在对方的名字前面应该加上称呼,Mr.。此外还要先跟秘书解释打电话的目的。

2.通话时,应聘者应该先作自我介绍,然后很简洁地提到打电话的目的,避免紧张或者说废话。

情景三:带团过程中如何进行自我介绍

角色:Seth(导游)

时间:旅游途中

地点:旅游大巴上

观众:团队客人

文本:

Ladies and gentlemen, welcome to Kunming City! My name is Seth, and I'm your tour guide in Kunming. This is Mr. Li, our bus driver. As we will take this bus in the following days, please remember its number—Yun A12245. Also, if you have any problem or special request, please tell me, I will try my best to help you.

It's now 6 o'clock in the afternoon, and we are on the way to the Plaza Hotel. One of the best five star hotels in this city. First of all I'd like to take time to briefly introduce this city.

Kunming is a city with a long history. During your stay here, you can visit a lot of famous scenic spots, such as the West Hills, Golden Temple, Stone Forest and Yunnan Ethnic Villages. We will visit them during your stay here.

Ladies and gentlemen, it will take us around 10 minutes to get to the hotel. You may have a rest and enjoy the scene of Kunming City outside of the window. I'll let you know when we arrive at the hotel.

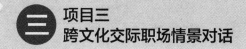

【重点提示】

充分利用自我介绍的机会表明乐意服务客人的愿望,并从双方共同的兴趣展开话题交流,例如介绍当地的人文地理或旅游景点的情况。避免提及敏感的话题,例如政治、宗教等方面的话题。

情景四:如何介绍特邀嘉宾

角色:介绍人

时间:下午 1 点

地点:会议室

观众:特邀嘉宾 Kevin Newman、同事

文本:

Good afternoon, everyone. I'm glad you could all make it(及时赶到). Today we are very fortunate to have Kevin Newman from the renowned Newman Corporation. As you all know, he is a very influential figure(有影响力的人物)in the marketing world and will be speaking to us on the ways to improve our position in the market. So please join me in(和我一起)welcoming our guest, Mr. Newman.

【重点提示】

1.在正式场合,介绍应该突出被介绍人的身份、学历、职务等,而不是对其外貌的介绍和抽象的评论。介绍人一般用一分钟或更短的时间来作介绍,意思要清楚。介绍人一般可以介绍其所在公司或组织所从事的项目等,这样引入被介绍人就比较自然。同时要涉及特邀嘉宾的主要成就。介绍人说完之后应该跟特邀嘉宾握手。

2.不相识的人见面时,需要自我介绍或由认识双方的第三方进行介绍。其中分正式介绍和非正式介绍:正式介绍用于正式场合或与尊贵者初次的相识;非正式介绍则一般用于非正式场合或不相识的同事之间。在正式介绍中,汉英用语都很正规和礼貌,句子也较长,对被介绍人的姓名、职务和身份都必须交代清楚,有时还要说明被介绍人与自己的关系;在非正式介绍中,句子较短,用词也比较随意。然而在介绍语和介绍习俗方面,中英文化之间的差异很大。例如"这位是刚上任的校长,张林博士,他是中国旅游界知名规划专家。"中国人介绍来宾,喜欢用褒扬的话语言辞。但美国人认为,初次结识,相互介绍,不必评头论足。凡是主观性的评论,尽管是美言,也会给人唐突、强加的感觉,例如"欢迎来自美国的布朗安妮博士,她是美国俄亥俄州立大学的教授,从事美国人类学研究。"

【主要句型】

1.在英语国家,第一次见面时的常用语句有：

问候：I'm glad to know you, Mr. Smith.

应答：Glad to meet you, too.

问候：I am very glad to meet you.

应答：Glad /Pleased to meet you, too.

2.告别时除 Good-bye 以外，常用的说法有：

I am glad to have met you.

It was nice meeting/to have met you.

【任务布置】

结合以上情景,请分组完成以下任务：

任务 1：你应聘参加面试,请做自我介绍;

任务 2：你作为导游,接机后在旅游大巴上向客人致欢迎词,并介绍当地旅游特色;

任务 3：你参与某公司的应聘,打电话询问应聘情况;

任务 4：你作为主持人,在大会上介绍一位重要嘉宾。

任务三　职场中如何说再见

情景一：提前下班如何向老板请假

角色：Chris（职员）

　　　Mark（老板）

时间：周五下午 4:30

地点：公司

观众：其他同事

文本：

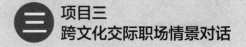

Chris：Excuse me，Mark，I have a doctor's appointment at 5：00. Is it OK if I leave a little bit early today?

Mark：OK，that's fine.

Chris：Is there any assignment for this week?

Mark：Yes. The project is due（上交）next Friday.

Chris：Thank you，Mark. Have a nice weekend.

Mark：You too，Chris.

【重点提示】

1.如果提前离开公司,一定要告知老板你要离开的理由。如果你不直接跟对方说,他也许会觉得你这个人不太可靠,认为你在找理由离开。这样对方揣摩不透你的意思,很容易产生误会。

2.在外企,下属一般不会用"经理"或"老板"这样的词称呼他们的上级。一般来说,同事们跟老板或者跟别的同事们说的时候,会直接用老板的名字。直接称呼老板的时候,一般会用他喜欢的名字。但中国人称呼上级时常在姓前加上职位,表示尊称,例如李主任、张经理等。

情景二：下班时如何与同事说再见

角色:同事 A

　　同事 B

时间:星期四中午 12：00

地点:办公室

观众:别的同事

文本:

A：Hey，Mary，I have to leave the office early today. Can you do me a favor（帮忙）and if anyone is looking for me just mention to them that I will be back tomorrow morning.

B：Yeah，sure. Is there anything else?

A：I already told Ann（boss）I'm leaving early，and I don't think there should be any problems.

B：Yeah，no problem.

A：I really appreciate your help（感谢你的帮助）. My brother is graduating this weekend from college，and there is a formal dinner for the family tonight.

B：Oh，how exciting! Have fun!（在宴会上玩得开心!）

A：Thank you!

【重点提示】

1.如需要别人帮你一个忙,可以提前说"Can you do me a favor?"这是一个很有礼貌的说法,让提供帮助者感觉到请求者是诚心需要帮助并且很感激这种帮助。

2.提供帮助者问"Is there anything else?"这样说表达了主动且热心的态度。

3."Have fun."通常表达你希望对方玩儿得开心。

4.美国人一般用谢谢这个词比中国人多。重复地说"Thank you."和"I really appreciate your help.",对方会感觉你知道他很忙而且真的感谢他这样帮你。

【主要句型】

Can you do me a favor? 能帮个忙吗?

Is there anything else? 还有其他事情吗?

I really appreciate your help. 谢谢帮忙。

Have fun. 玩得开心。

【任务布置】

结合以上 3 个情景,请分组完成以下任务:

任务 1:你有事要提前离开办公室,告诉上司你要提前离开的理由;

任务 2:你参加朋友聚会,告别时告诉主人你要提前离开的理由。

任务四　职场中如何建立与客户的合作关系

场景解释:James Wilmore 是 Pyramid 公司的副经理,Mr. Randall 是 Lagoon 公司的销售部经理,他们以前在会议上见过一次面。Mr. Randall 希望能够和 Pyramid 公司合作,因此想与 James Wilmore 保持联系。

首先 Mr. Randall 给 Mr. Wilmore 发一封邮件,预约见面。接着给 Mr. Wilmore 留言,最后 Mr. Randall 给 Mr. Wilmore 打电话进一步确认见面的时间和地点。

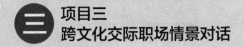

情景一：如何通过邮件建立联系

Hello James，

This is Marcus Randall. We met about a week ago at the "Opening New Markets" convention. I hope you've had a chance to go sailing in this great weather. I was wondering if you would be interested in meeting for lunch around 12:30 pm on this coming Tuesday. I was hoping that we could discuss some of the joint marketing campaigns（市场推广活动）that we tossed back and forth（翻来覆去地讨论）at the convention. Please let me know if you have time that day. I can be reached at（以什么方式联系）eitherrandall07@lagoon.com，or by phone at（614）543-9281. Take care.

Sincerely，

Marcus Randall

情景二：如何留言确认联系方式

（Mr. Wilmore's Answering Machine）：

"Hi，this is James Wilmore. I am either away from my desk or out of the office at the moment，but please leave your name and number and I will return you a call as soon as I can. If this is an urgent matter，please contact Betty at（614）202-5412，and she will be able to reach me. Thank you and have a great day.（Beeeep）（自动断线）…

（Mr. Randall leaves Message）：

Hi James，this is Marcus Randall. I met you a couple weeks ago at the "Opening New Markets" Convention. I was just calling to see if you received my email about meeting for lunch on the 22nd. I was hoping to discuss with you in details of the marketing strategies we talked about at the convention. Please call me back at（614）543-9281 if you have time. I hope everything is going well，and I look forward to hearing from you. Again，my number is（614）543-9281. Thank you.

情景三：如何通过打电话取得业务联系

角色：Brubaker(秘书)

James Wilmore(Pyramid 公司的副经理)

Mr. Randall（Lagoon 公司的销售部经理）

时间：下午 3 点

地点：各自的公司

观众：无

文本：

Ms. Brubaker：James Wilmore's office, may I help you?

Mr. Randall： Yes, I was wondering if I could speak with James please. I am Marcus Randall. I met him last week at the "Opening New Markets" convention.

Ms. Brubaker：May I ask what this is regarding?

Mr. Randall： I'm trying to see if he would be available to meet me for lunch next week.

Ms. Brubaker：Okay, just one moment please.

Mr. Wilmore： Hello, this is James speaking.

Mr. Randall： Hi James, this is Marcus Randall, we met at the "Opening New Markets" convention a couple of weeks ago.

Mr. Wilmore： Oh, of course, good to hear from you again, Marcus. How have you been?

Mr. Randall： I've been well, thanks, James. And you?

Mr. Wilmore： Can't complain.（还行吧。）It's been busy around here as always.

Mr. Randall： I hear that. Listen, I was just calling to see if you got the email I sent you a couple of days ago, about meeting for lunch on the 22nd.

Mr. Wilmore： Oh…I…yes, I remember seeing that, and I've just been too busy to respond（太忙忘了答复）, but I do still think I could make it.

Mr. Randall： That sounds great! Why don't we just meet at the Buca's on the corner of the 18th and Grand Avenue? I'll be there around 12:30, I don't think we'll have much trouble getting a table if it's just two of us.

Mr. Wilmore： Sounds great, Marcus. I'll see you then.

Mr. Randall： Alright, take care, James. Bye.

Mr. Wilmore： Bye.

【重点提示】

1. 随着通信领域近年来的迅猛发展，短信、微信、电子邮件等都成为普遍的联系方式，不过打电话仍然是美国人最常用的联系方式。通常对不同性质的关系或者亲疏程度不一样的人，人们会采取不同的联系方式,而最有效的联系方式应是同时采用一个以上的联系方式。以商业伙伴为例,公司的客户服务人员一般会以邮件的形式与客户保持商业联系。然后在邮件发出的次日致电该客户,询问邮件是否送达并就邮件内容进行讨论。这是因为人们经常会遗漏邮件,或者过目就忘。因此,打个电话跟进,以确保其不会错过邮件。

在美国,给新认识的人打电话时,首先要说清楚自己的姓名,以及自己跟对方是怎么认识的。要想跟对方建立关系,不应该开门见山,直接切入生意或事业方面的问题,扯太多的闲话也不好,这等于浪费对方的时间。最好是提到上次联系时讨论的一些事情,一则可以拉近关系,二则可以打破沉默,为下面的话题作铺垫。挂电话之前应该和对方确定下次联系的时间,然后很自然地和对方道别挂电话。如果对方接不到电话,最合适的做法就是给他留言。留言不需要说太多,而且留言的目的不是把所有的事情都说完,而是让对方回个电话。因此,留言的主要内容有:自己的姓名、自己和对方的关系、打电话的主要原因、自己的联系方式,对方回电话的时候就可以把问题说得深入一点。

发邮件或给人留言都不用陈述具体事宜,等跟对方见面的时候或者通电话的时候再把问题说得更全面一点。发邮件时要概括问题的主要因素,也要留自己的联系方式。尽管电子邮件是一个很普遍的联系方式,但是除非双方非常熟,否则邮件写得越正式越好。

2.发邮件或打电话时,Mr. Randall 先寒暄几句,再跟 Mr. Wilmore 提到见面的邀请,这就把关系拉近了。例如:

We met about a week ago at the "Opening New Markets" convention. I hope you've had a chance to go sailing in this great weather.

3.发邮件时,Mr. Randall 没有把问题说完。他提到"I was hoping that we could discuss in more details of the joint marketing campaigns that we tossed back and forth at the convention."这句不但可以提醒 Mr. Wilmore 他们在会议上讨论过哪些东西,也提醒他给 Mr. Randall 回信。

4.Mr. Randall 给 Mr. Wilmore 留言时,说得比较简短。(Hi James, this is Marcus Randall. I met you a couple weeks ago at the "Opening New Markets" Convention.)然后提到主要的话题,最后把电话号码重复了两遍,强调联系方式。

情景四:如何回请客户

场景解释:Bill 想通过回请 Bob,感谢 Bob 之前的宴会邀请,同时希望加强双方的友好关系。致
　　　　谢和回请是培养商业合作关系的惯用方式。

角色:Bob,Bill

时间:晚会第二天中午

地点:双方在各自家里

观众：无

文本：

Bob：Hello?

Bill：Hi, Bob?

Bob：This is he. (我就是。)

Bill：This is Bill. I was just calling to thank you for inviting me and my wife to your dinner party last night. I really enjoyed myself, and the food was excellent.

Bob：It was my pleasure. I'm glad you and Sally could make it out (参加) here. We'll definitely have to get together again sometime soon.

Bill：Absolutely! You mentioned last night that you enjoyed bowling, didn't you? Actually, Sally and I were thinking of going bowling this coming Saturday at noon at the Southwestern Bowling Alley. We'd be delighted if you and Mary would join us!

Bob：That sounds great! We'll be there.

Bill：Excellent. So I shall see you this Saturday at noon at the bowling alley then?

Bob：See you then!

【重点提示】

1.Bill 给 Bob 打电话表示感谢,并且强调他在宴会上过得十分开心。Bob 提出他们应该找时间再见面,这样的表达显示他希望继续保持联系。于是,Bill 立刻抓住这个机会提出回请 Bob,为他们之间的友谊打下了基础。

2.This is he. (我就是。注：男的用"This is he."女的用"This is she."或者"You're speaking/talking to her."你正在跟她说话。)此句用于打电话的人找的是自己。

【任务布置】

结合以上几个情景,请分组完成以下任务:

任务 1:学会用英语书写商业邮件,希望与合作伙伴见面以加强联系;

任务 2:通过电话和留言与商业伙伴确认见面的时间和地点;

任务 3:你在朋友家的晚宴上见到商业合作伙伴,为拉近关系,与他预约下次活动的时间和地点。

任务五　职场中如何回应夸奖

情景一：如何回应同事的祝贺

角色：Jane 和 Jim（同事关系）

时间：中午休息

地点：公司

观众：无

文本：

Jane： I was really glad hear about your promotion. Congratulations！

Jim： Thanks, Jane. I was really surprised. I mean there were a lot of qualified people（优秀的人才） out there.

Jane： Sure, but the work you did was really exceptional！ You definitely deserved it！（这是你应得的。）

Jim： Thanks a lot.

Jane： You are always responsible and careful.

Jim： Jane, I appreciate it very much.（真是非常感谢你的夸奖。） I expect to see you get nominated pretty soon, too.（我希望不久你也能被提名。） You've been doing some great work！

Jane： Thank you. I'll try my best. By the way, when do you take over the new position？

Jim： Next month.

Jane： So what are you responsible for？

Jim： I'm going to manage the whole accounts department.

Jane： So you must get higher pay than before.

Jim： Yes, the company will also give me a prize of 1,000 Yuan.

Jane： 1,000 Yuan？ That's great！ So…

Jim： OK, I know what you mean. It's my treat.

Jane： Really？ Can I order anything I want？

Jim： Of course. Let's go.

【重点提示】

1.西方文化崇尚称赞与夸奖,与中国文化中的谦虚形成强烈的对比。在中国,对待别人的称赞,我们通常会说"别这样说,怪不好意思的"之类的话,而西方文化则把称赞与夸奖看成日常生活和人际交往中的必需。尤其在职场中,回应同事的夸奖时,通常的反应是表示感谢,要用"Thank you very much./I appreciate it very much."来作答。注意不要说"No, not at all."回应同事的夸奖时,也可以在不张扬的情况下适度赞美下同事。例如:"I expect to see you get nominated pretty soon, too."(我希望不久你也能被提名。)

2.在这个对话中,反映出职场中升职请同事吃饭是很常见的,这样可以拉近与同事之间的距离,以便今后开展工作。

情景二:如何回应老板的夸奖

角色:Jim(刚升职的部门经理)

　　　　Tim(公司经理)

时间:上班时间

地点:Tim 的办公室

观众:无

文本:

Tim:Hey, you have been promoted to president of the department(部门经理).

Jim:All this is thanks to the efforts of my superiors and colleagues.

Tim:You are so smart. Your efforts in the success of the plan were outstanding.

Jim:I just did what I should have done.

Tim:You've got a great personality.

Jim:Thank you for your compliments.(谢谢您的夸奖。)I will try even harder to repay the company for your support.

Tim:I believe you will. I'm very pleased with your work. Your promotion will contribute to(大有帮助)the development of the company.

【重点提示】

因 Jim 工作中的成就,公司经理 Tim 将他升为部门经理,并表示祝贺。Jim 对老板的祝贺,回答道:"All this is thanks to the efforts of my superiors and colleagues."他把自己的成绩归功于领导和同事,这样的回答老板听了很高兴。所以 Tim 说:"You are so smart."然后进一步肯定了 Jim 在工作中的能力。Jim 回答:"I just did what I should have done."让老板感觉到他不仅工作出色,而且性格很好,所以,Tim 说:"You've got a great personality."Jim 进一步表示了他的感谢和决心:"I will try even harder to repay the company for your support."这正是老板提升 Jim 和表扬他的目的,即希望他今后工作中更加努力。这样的应答情形在职场中常常碰到。

【主要句型】

1.办公室同事升职,表示祝贺的常用语有:

Congratulate on your promotion.

We're happy you got the promotion.

I'm so glad that you were elected the leader.

I was really glad hear about your promotion.

You definitely deserved it!

2.回应夸奖的常用语有:

Thank you for your compliments.

You are flattering me.

All this is thanks to the efforts of my superiors and colleagues.

I appreciate it very much.

【任务布置】

结合以上情景,请分组完成以下任务:

任务 1:你的同事工作职位得到晋升,向他表示祝贺;

任务 2:你的工作取得进步,得到老板的夸奖。

小　结

在职场中,人际关系的建立并不是一劳永逸的过程,加强已建立的人际关系并使之良好发展是我们在社会交往中的最终目的。相对于关系的建立,关系的发展和巩固更需要相应的交际技巧和能力。我们不仅要学会找到新的、合适的话题,加强彼此的沟通和交流,还要学会适当地表达自己的观点和意见,有时甚至还需要应对一些比较棘手的问题,比如处理他人的情感波动。从某种意义上来说,关系的加强是交际技巧和内在素质的有机统一,受到文化背景、人格特征、内在修养等方面的影响。

除此之外,交际能力的培养也就是使学习者在与对方交流的过程中,根据话题、语境和文化背景讲出恰当得体的话。这意味着要真正理解和恰当地使用一门语言,仅仅懂得构成这门语言的发音、词汇和语法是不够的,还必须懂得这种语言和使用这种语言的人之间存在的各种各样的关系。如果一个人的思维模式是汉语的,而表达的语言是外语,那么传递的肯定是错误的信息。因此,学习任何一种跨文化交际语言必须要了解使用该语言的民族的社会文化。如果忽视了社会文化背景,不仅会影响对语言的理解和掌握,而且在交际过程中还常常会造成语言的误用。

学会跨文化对比是提高交际技巧的一个重要手段,有比较才能有鉴别。只有通过对比才能发现本国文化与要学习的外国文化之间的异同,从而获得一种跨文化交际的文化敏感性,加深对中外文化的理解。比如,中外问候语的对比、生活方式的对比、思维与观念差异的对比等。通过跨文化对比,才能恰当、得体地进行跨文化交际。只有了解目的语的文化情境,培养用外语文化模式思维的习惯,掌握两种文化差异,才能增强跨文化交际语言综合运用的能力。

项目四

跨文化交际
活学活用:
案例分析练习

1.广东翠湖宾馆迎来了一位来自日本的 VIP 客人。大堂部王经理把客人带到房间,门牌号是 402 号。这位客人看到后大为不悦。

【分析】大堂部王经理的接待出了哪些问题?接待日本人要注意哪些问题?

2.分析下图中的手势分别代表什么意思?

3.张阿姨来自广东,40 多岁,以前在家乡做小生意。女儿在加拿大留学,她也办理了移民。在加拿大,张阿姨的英语基础很差,由于语言不通很苦闷,电视节目也听不懂。后来,张阿姨像变了个人,她越来越不爱说话,对什么事都没兴趣,还经常一个人哭,有时候还莫名其妙地发脾气。女儿吓坏了,赶快带张阿姨看家庭医生。家庭医生说可能是心理问题,给她预约了心理医生。心理医生接诊后,诊断张阿姨的病为“适应障碍”。

【分析】什么是“适应障碍”?张阿姨如何才能克服“适应障碍”?

4.何佳在美国居住 7 年后回到中国,发现自己对中国文化很不适应。例如,他到银行柜员机取钱,他后面排队的人离他很近的话会使他很不舒服。他想如果在美国,后面排队的人一定会保持一定的距离。

【分析】导致何佳回国后对中国文化产生不适应的原因是什么?如何尽快克服这种不适应?

5.一天赵明去外教家里做客,当两个人分手道别时,两人进行了交谈。

【分析】赵明以下的回答是否妥当?为什么?如果不恰当,如何回答才符合西方文化的交际礼仪?

① I've wasted you a lot of time. ∕I'm sorry to have taken up so much of your time.

② I've got to go now. You must have something more important to do.

③ I think I'd better be going now. You must be tired.

6.小张埋怨他的美国朋友迈克曾多次说要邀请他吃晚饭,然而一次也没有兑现。以下是迈克对小张说过的话:

a. Let's have lunch together when things settle down.

b. We must get together sometime.

c. I'll definitely invite you to dinner one day.

d. "I haven't seen you for a long time. You must come around for dinner sometime."

e. "I haven't seen you for ages. Maybe we can go and see a movie together sometime."

【分析】如何理解迈克的话?中西方在邀请表达方式上有何区别?

7.下列是中西方人在道歉时不同的表达方式:

情景:领导开会迟到。

中:既然大家都到齐了,那我们开会吧。

美:I'm sorry I'm late. I was unavoidably detained.

【分析】中西方的道歉习俗有何不同之处?根据以上情景进行分析。

8.谢东在美国完成博士论文后将回到中国,为了表达对导师的感激之情他买了一块玉坠送给导师,玉坠的装饰盒内有一张标有 3 000 元人民币的价格标签。当他的导师看到价格时,不愿意接受礼物,弄得谢东很尴尬。

【分析】谢东的导师为什么不愿意接受礼物?中西方在送礼习俗方面有何异同?如果要赠送礼物给导师,你认为赠送哪些礼物比较恰当?

9.以下情景表现了中国人的送礼习俗和西方人的送礼习俗:

【分析】哪种情景是中国人的送礼习俗?哪种情景表现了西方人的送礼习俗?中西方在接受礼物后,在表达感激之情的方式上有何异同?

情景一:

A:This gift is for you. I am not sure if you like it or not.

B:Oh, I can't accept it.You must spent a lot.

A:Please! This is for you.

B：I really can't accept it.

A：Please,here you are.

B：Well, thank you. (then put the gift on the desk)

情景二：

A：Happy birthday. This is for you. I hope you'll like it.

B：Oh, thank you. Mm. What is it? (He opens it.) Oh, it's a beautiful cotton shirt. How sweet you are! Thank you.

10.刚到美国留学的女孩林林在图书馆学习,坐在她旁边的美国男孩向她问好,并说了一句"You look beautiful today!"林林听了觉得这个美国男孩似乎对自己有非分之想。

【分析】林林的想法对吗,为什么? 中西方在问候和称赞礼仪上有何区别?

11.下面是关于中国职员(A)向英国上司(B)请假的一段对话：

【分析】英国上司是否了解中国职员向他请假的意图,为什么? 如何向英国上司准确传达请假?

A：Bob!

B：Yes, what is it?

A：My mother is not very well, Sir.

B：So?

A：She has to go to hospital.

B：Well, go on with it. What do you want?

A：She has to go to hospital on Thursday.

B：Bloody hell, man. What do you want?

A：Nothing, Bob.

12.一位外国导师去听一个中国研究生的实习课。课后教师对学生说："You handled that lesson superbly."中国学生则回答："No, I didn't do it well enough."

【分析】中国学生的回答是否恰当? 如何恰当地回应导师的评价? 中西方在回应称赞时有何区别?

13.一群中国游客到迪拜旅游,看见当地女孩,对她们的服饰很感兴趣,于是拿起相机拍摄,这时领队连忙上前制止。

【分析】为什么领队要制止中国游客的行为? 在阿拉伯国家旅游时要注意哪些行为?

14.一位瑞士人到泰国旅游,在参观寺庙时对寺庙殿内膜拜的当地人和佛像进行拍摄。此时,附近的警察走过来制止了他的行为。

【分析】为什么瑞士游客的行为受到警察的制止?在寺庙参观时要注意哪些禁忌事项?

15.张先生携秘书李小姐一行赴伊朗参加商务洽谈。东道主特意举行了欢迎晚会,秘书李小姐身穿吊带晚礼服出席晚会。为表示敬意,主人向每一位中国来宾递上饮料,当习惯使用左手的张先生很自然地伸出左手接饮料时,主人显出极不高兴的样子。

【分析】张先生和李小姐在出席晚会过程中哪些礼仪不符合伊朗的社交礼仪?为什么?

16.新加坡商人李总到中国与一家著名企业寻求商业合作,谈判非常成功。谈判后中方邀请李总用餐,席间中方赠送乌龟图案的雕塑以表心意。李总勉强接受了礼物,但表现出不太高兴的样子,这令中方十分不解。

【分析】李总为何不乐意接受礼物?新加坡人对馈赠的礼物有何习俗禁忌?

17.一家中国企业一行10人到印度进行商业谈判。会后用餐前中方秘书告知印方,中方代表有两人为穆斯林,可准备些牛肉。但吃饭时中方发现并没有牛肉,这令中方十分不快。

【分析】如何掌握印度人的谈判风格?印度有哪些风俗禁忌?

18.一家美国公司为一个很重要的日本客户举办了一次招待会,公司经理特意给日本客人准备了一些小礼物。当客人拆开面前的盒子后,脸上却露出了不悦的表情。原来这位经理挑选的礼物是一把小巧别致的瑞士军刀。

【分析】为什么日本客人对礼物十分不悦?赠送日本人礼物有哪些禁忌?

19.中国留学生小王周末应邀到美国老师家做客。他带了一盒茶叶,进门后悄悄把礼物放在桌子上。结果临走时,老师吩咐小王别忘带走他的东西。

【分析】为何美国老师会认为茶叶是小王遗忘的东西?在赠送礼物给西方人时要注意些什么?

20.王兰刚去美国留学时遭遇了一系列的文化休克,尤其对老师的教学方法非常不适应。老师上课时很少自己讲授而是提出问题让同学们讨论、作报告。她的美国同学也不像中国学生对老师那样尊重,不但直呼其名甚至和老师争论得面红耳赤。轮到她作报告时她经常觉得非常不好意思,因为老师和同学总是盯着她的眼睛看她。在讨论时她的美国同学经常要提出问题,甚至和她争论,这让她觉得她的美国同学对她很不友好。

【分析】什么是文化休克？王兰如何做才能够尽快适应老师的教学？

21.小李作为一名志愿者在美国的一所中学里已经工作2个月了。一次聚会，小李跟一个美国朋友说："我的英文不好。"朋友回应道："是的，你的英文是不好，还要多练习，你们中国人说英文都不太地道。"她的话让小李听了心里很不舒服。聚会快要结束时，小李向她要手机号，没想到她居然不给小李。

【分析】小李在美国工作过程中遇到了哪些跨文化交际的困难？如何克服这些困难？

22.一位意大利妈妈在四川生活，每次用小推车推她的孩子出去散步时，总有当地人过来告诉她："这么冷的天你不能只给孩子穿袜子，一定要穿上鞋。"意大利妈妈极其不解："难道我不比他们更了解我的孩子吗？他们为什么要干涉我的私生活？"

【分析】为什么意大利妈妈对当地人的建议不理解？中西方在处理隐私方面有何不同？

23.有一个美国女孩在重庆生活多年。一次到餐馆用餐，她把服务员叫来问道："我刚才跟你讲了那么多遍要重辣，你为什么给我微辣？"服务员回答："你们老外不能吃辣，我知道的，我们这里来的老外多着呢。"美国女孩对饭店的服务十分不满意。

【分析】为什么美国女孩对川菜店的服务员十分不满意？服务员有哪些行为不妥？

24.来自美国的琳达和小王是朋友。一天，他们在图书馆一起学习，琳达去买一杯咖啡。当琳达回来的时候，她发现小王正在看她的笔记，她当时很不开心。从那以后，她再也没和小王一起学习了。小王也注意到了这个改变，却不明白为什么。

【分析】为什么琳达不再愿意和小王一起学习？中西方对待隐私有何不同？

25.当张三在美国旅行时，住在美国朋友西蒙家。一天，西蒙告诉张三，他淋浴时使用了太多的水，以后要节约用水。张三对西蒙的话感到十分不快，便很快从西蒙家搬到酒店住了。

【分析】为什么张三对西蒙的话感到不快？中西方在待人接物方面有何不同？

26.小林从北京到纽约留学。刚下飞机，他的美国朋友麦克来接他。接着麦克请小林用餐，麦克自己点了一盘烤鸡肉和面包，小林则点了牛排。结账时麦克只付了自己的钱，小林只好自己买单。小林心里感到十分不快，因为麦克到北京旅游时，小林曾经请麦克到最著名的烤鸭店全聚德享用大餐，而到美国后他却受到完全不一样的接待。

【分析】中西方在待人接物方面有何不同？小林如何尽快适应美国这样的生活环境？

27.小张的美国朋友 Mark 邀请他去家里做客,小张准备了丝巾和一瓶茅台酒送给 Mark。一年后 Mark 到中国,小张盛情接待了 Mark,而 Mark 只送了小张一盒巧克力作为礼物,小张觉得很惊讶。

【分析】小张为何感到吃惊? 中西方在互赠礼物的方式上有何不同?

28.汤姆首次去中国,朋友请他喝茶。喝完第一杯,朋友续了茶。接着杯子一次又一次被填满,直到汤姆实在喝不下。

【分析】汤姆为什么要喝完一杯杯茶? 中西方在待客礼仪上有何不同?

29.来自美国的塞尔玛在印度尼西亚做交换学生。一天她被邀请参加一个生日聚会,到朋友家后她才发现女孩子们都穿着长裙,披着头巾,只有她穿着超短裙。大家都用异样的眼光看着她,塞尔玛感到十分尴尬。

【分析】塞尔玛应该如何摆脱由文化差异造成的尴尬? 印度尼西亚和美国在穿着上有何文化差异?

30.简来自美国,教授日本学生英语。周末她邀请学生到她家聚会。他们享用完简做的晚餐后,8 点左右,一个学生准备告辞。这时其他学生都站起来要走,于是所有人都离开了简的家,简很不开心。

【分析】为什么简很不开心? 东西方在告辞礼节方面有何不同?

31.小王去图书馆的路上遇到美国教授马克。小王跟他打招呼后说道:"今天相当冷,您最好多穿点衣服。"可教授听了好像表现出不高兴的样子。

【分析】马克为什么对小王的关心感到不高兴? 中西方在问候上有何区别?

32.小胡刚应聘到一家外商独资公司,由于老板还没有给他安排任务,他决定借这个机会熟悉一下环境。当他探头进去看销售部经理 Parker 先生的办公室时,Parker 正好走过来,问他在做什么。小胡很尴尬,Parker 先生看上去很不高兴。小胡感觉自己犯了一个错误,但不明白自己到底错在哪里。

【分析】小胡的行为有何问题? 在公司要注意哪些礼仪?

33.一个英国人在中国乘火车旅游时,与坐在旁边的中国乘客聊天。他们向彼此介绍自己:

英国游客:你好,我是 Eric Jackson。

中国旅客:你好,我的名字是刘欣。你从哪里来,埃里克先生?

英国游客:我来自英国。请叫我埃里克,Xin 先生。

中国乘客:你可以叫我刘欣。

【分析】英国人和中国人分别在称呼上犯了什么错误?如何正确地称呼对方?

34.一次偶然的机会,小张和妻子在邮轮旅游时认识了来自加拿大的游客肯迪。小张为表示诚意,把自己的名片递给肯迪,肯迪有些尴尬地接了过去,并说他没有准备名片给对方。

【分析】为什么肯迪会觉得尴尬?中国人和加拿大人在赠送名片礼仪上有何区别?

35.在聚会上,小玲和她的美国丈夫遇到了大学同学芳芳。小玲的美国丈夫礼貌性地称赞了芳芳的美貌,这令芳芳的丈夫十分不快。

【分析】为什么芳芳的丈夫会不高兴?中西方在称赞习俗上有何不同?

36.杨瑞芳在一家澳大利亚公司做秘书,她和当地人凯西成了非常好的朋友。然而,当杨瑞芳希望每天都和凯西在一起活动时,凯西似乎有点不耐烦了。杨瑞芳很困惑,她无法理解凯西的态度,不知问题出在哪里。

【分析】杨瑞芳和凯西相处到底出了什么问题?应该如何和凯西相处?

37.一位在美国留学的中国学生说:"当我第一天在校园里散步的时候,许多人对我微笑,这使我感到非常尴尬,我急忙去卫生间看看是否衣服穿错了。而现在我已经习惯了所有的笑容。"

【分析】为什么中国学生对陌生人的微笑感到尴尬?如何适应不同的文化环境?

38.比尔刚到中国留学时发现许多女生在校园内经常手挽手散步,这令他十分惊讶。

【分析】为什么女生手挽手散步会让比尔觉得惊讶?中西方人在处理同性和异性关系方面有何不同?

39.谢力和汤姆在英国一所大学的实验室工作。一天他们就试验展开了讨论:

Xie Li: I don't know where it went wrong!

Tom: Don't feel so bad. Cheer up, you've done your job.

Xie Li: But our experiment has turned out to be a failure.

Tom: Relax for a couple of days. I'll face the music.

Xie Li: Tom, we are not playing children's games here. This is a scientific experiment.

Tom: I've never taken the experiment as child's play, and I'm playing the game.

Xie Li: You say you're playing the game! It's a rather important experiment!

【分析】谢力在理解 Tom 使用的两个俗语(face the music 和 playing the game)时有何问题?这两个俗语分别代表什么意思?

40.一行印度人到内蒙古旅游,当地人设宴款待,献上最有名的特色菜烤牛犊。但印度人不仅拒吃牛肉,还表现出十分伤心难过的样子,这令蒙古人十分不解。

【分析】为什么印度人拒吃牛肉?蒙古人在接待上有何问题?

41.梁教授想把他的书翻译成英文,并由汤普森出版社出版。汤普森的代表奥莱特先生和梁教授进行洽谈,梁教授请李艳帮他做口译。

梁教授:"奥莱特先生,这是鄙人的拙作。"

李艳:"Mr. Allright, this is a clumsy book written by a humble person."

【分析】李艳的翻译有何问题?请给出正确的翻译。

42.珍妮和丈夫乔治在中国教英语,一天他们邀请同事张玲到家做客。他们准备了意大利面和沙拉,还有烤鸡和甜点。当张玲到珍妮家时,公寓给她留下了深刻的印象,张玲开始询问电视、洗碗机等东西的价格。用餐时,张玲盘里的意大利面剩了不少,咖啡没有喝完,糕点也只吃了一两口。张玲离开后,珍妮很不高兴。

【分析】珍妮为什么不高兴?中西方在请客习俗上有何差异?

43.万林第一次到美国参加国际会议,遇到著名女学者琳达。万林出于礼貌考虑,主动伸手,轻轻地握了琳达的手并向她问好。

【分析】万林在和琳达问候时有何不妥?在美国如何恰当把握问候礼仪?

项目 五

跨文化交际
活学活用:
体演文化练习
(中文场景)

场景 1：新同事 Alex 提前 10 分钟到会议室，发现有几位同事已经先到会议室正在等待开会，Alex 与其他同事打招呼。（与同事寒暄的技巧）

角色：新同事 Alex、其他同事

地点：公司会议室

时间：开会之前

观众：单位里的其他同事

场景 2：一个中国同事带着他的外国朋友 Mary 参加朋友的婚礼晚会。晚会开始前，中国朋友出去接电话，Mary 与同桌不认识的人寒暄。（与不认识的人寒暄的技巧）

角色：中国同事、外国朋友 Mary

地点：宴会大厅

时间：晚会开始前

观众：同桌的其他几个不认识的人

场景 3：美国教授邀请系里的一些学生吃晚餐。（寒暄的技巧）

角色：中国学生、美国教授

地点：教授家

时间：晚上 7 点

观众：其他学生

场景 4：中国研究生和系里的美国教授在路上相遇，已经 3 个月未见。（寒暄的技巧）

角色：中国研究生、系里的美国教授

地点：系外的一个大厅里

时间：11 月

观众：无

场景 5：格兰特教授和他的研究生去参加一个他们研究领域的会议。会议前闲聊时，希尔教授走过来和研究生打招呼。（寒暄的技巧）

角色：希尔教授、格兰特教授和他的研究生

地点：希尔顿酒店大堂

时间：晚上 7：30

观众：无

场景 6：货车司机甲为避让突然横穿马路的行人而紧急刹车，跟随其后的轿车司机乙因为距离前车太近来不及刹车，撞到了前车的后保险杠上，轿车司机乙向货车司机甲道歉。（向陌生人道歉的技巧）

角色：货车司机甲、轿车司机乙

地点：某市区公路边

时间：下午 3:30 左右

观众：路上的行人

场景 7：因为天气原因，航班误点，乘客在候机厅等候了很长时间，最后被告知该航班取消，乘客向机场客务部主任投诉，机场客务部主任进行解释道歉。（投诉和道歉的技巧）

角色：乘客、机场客务部主任

地点：昆明长水机场

时间：机场广播通知取消昆明至成都的航班后

观众：机场乘客

场景 8：老板发邮件告诉员工最迟晚上 9:00 要完成报告，但员工没有按时提交，并且已经是第二次没有按时完成报告，老板批评员工，员工向老板道歉。（道歉和批评的技巧）

角色：老板、员工

地点：办公室

时间：下午 5 点

观众：无

场景 9：小杨有一位英国老师。好几次在校园里，英国老师都和他聊天。每次聊完天后，英国老师都说："有时间来我家里玩。"一天，小杨决定去英国老师家。当她敲开门后，她发现英国老师一脸不高兴，没有邀请她进去的意思。（邀请的技巧）

角色：小杨、英国老师

地点：老师家门口

时间：下午 6 点

观众：无

场景 10：一位中国留学生让刚认识的美国同学在两天内帮他修改两万字的论文，美国同学因为太忙婉言拒绝了。（请人帮忙的技巧和婉言拒绝的技巧）

角色：中国留学生、美国同学

地点:教室

时间:下午 3 点

观众:无

场景 11:一名中国大学生在家乐福购物时遇到了一位美国人。美国人正在询问一名导购,是否有某个牌子的意大利面。导购听不懂他说的英语,中国大学生准备帮他翻译。(提供帮助的技巧)

角色:中国大学生、美国人

地点:家乐福

时间:下午 8 点

观众:无

场景 12:一位中国员工去机场接加拿大的客户。加拿大客户年龄 70 多岁,手里拿着两个超大行李箱。中国员工好几次提出帮他拿行李,都被拒绝。(提供帮助的技巧)

角色:中国员工、加拿大客户

地点:机场

时间:下午 4 点

观众:其他旅客

场景 13:中国同事写了一篇论文,想请美国同事帮忙翻译成英文,周六就要完成,但美国同事拒绝了。(拒绝的技巧)

角色:两位同事

地点:公司办公室

时间:周五下午 5 点

观众:无

场景 14:美国同事希望中国同事周末带他去上海世博会参观,但中国同事没有时间。(拒绝的技巧)

角色:中国同事、美国同事

地点:办公室

时间:工作间隙

观众:无

场景 15：一名中国大学生发现在口语课上他的美国老师从不纠正他的错误。他担心自己的英语口语不会进步。下课后，他决定找老师，让老师在课上帮忙纠正错误。（请求帮助的技巧）

角色：中国大学生、美国老师

地点：教室

时间：课后

观众：其他学生

场景 16：一位美国硕士希望到云南大学工作，他知道他的导师与该校院长是熟人，便拿着写好的求职信和个人简历来找导师，请导师帮忙把自己推荐给院长。（请求帮助的技巧）

角色：硕士生、导师

地点：导师办公室

时间：下课以后

观众：无

场景 17：新入职的小王正坐在办公室利用休息时间处理文件，扶贫中心主任走进来，两人开始拉家常。（创建共同话题的技巧）

角色：扶贫中心主任、小王

地点：云南某乡村扶贫中心办公室

时间：工间休息时间

观众：周围有中心的其他工作人员

场景 18：陈俊和一群美国朋友一起喝咖啡。开始美国朋友和陈俊还能有共同话题，但到后面陈俊就听不懂他们之间在聊什么了。（创建共同话题的技巧）

角色：陈俊、一群美国朋友

地点：咖啡店

时间：下午 2 点

观众：无

场景 19：一名中国大学生在公园里跑步遇到了一个美国学生。两人开始聊天。（创建共同话题的技巧）

角色：中国大学生、美国学生

地点：公园

时间：下午 6 点

观众：无

场景 20：云南某高校利用世界银行贷款，申请了 3 000 万元的教育资金。世界银行教育部项目负责人李先生到云南某高校考察项目进展情况，云南省教育厅项目办主任和某高校负责人在宴会厅招待李先生。（创造交际机会的技巧）

角色：教育部项目负责人李先生、云南省教育厅项目办主任、某高校负责人

地点：云南某高校宴会厅

时间：考察结束后，回国的前一天晚上

观众：相关部门负责人若干

场景 21：一位同事正要用订书机，发现订书机坏了，准备去向另一位同事借来用。（借物品的技巧）

角色：两位同事

地点：办公室

时间：上班时间

观众：无

场景 22：美国教授马克有一天告诉他的学生他刚得到一笔 1 万美元的科研经费，他的学生向马克表示祝贺。（夸奖的技巧）

角色：美国教授马克、他的学生

地点：教室

时间：上课时间

观众：无

场景 23：一名中国经理带澳大利亚合作伙伴参观当地的地质博物馆。博物馆里的展品没有英文的解释。于是中国经理为澳大利亚合作伙伴翻译成英文。参观完后，合作伙伴对他表示感谢，夸他英语好。（回应夸奖的技巧）

角色：中国经理、澳大利亚合作伙伴

地点：地质博物馆

时间：下午 3 点

观众：无

场景 24：秘书长帮助某公司经理与副市长见面，经理打电话向秘书长表示感谢，并邀请他打高尔夫球。（表示感谢的技巧）

角色：秘书长、某公司经理

地点：两人分别在各自的办公室

时间：上午 10 点

观众：无

场景 25：市场部经理马力来到财务部办事，顺便邀请财务部经理迈克吃饭。迈克已经约了一个朋友。（邀请和拒绝的技巧）

角色：市场部经理马力、财务部经理迈克

地点：财务部办公室

时间：上班时间

观众：无

场景 26：美国下属到南方出差回来，给中国经理带了一个小礼物。（送礼的技巧）

角色：美国下属、中国经理

地点：经理办公室

时间：上午 9 点，上班时间

观众：无

场景 27：一个中国学生获得了去美国读大学的奖学金。他的英语老师是一个美国人，帮中国学生写了推荐信。这封推荐信对他获得奖学金帮助很大，中国学生决定送一幅风景画给老师。（送礼的技巧）

角色：中国学生、英语老师（美国人）

地点：教室

时间：课后

观众：其他学生

场景 28：某学生带了家乡特产，想要送给班主任。（送礼的技巧）

角色：学生、班主任

地点：班主任办公室

时间：上班时间

观众：其他班主任

场景29:中美双方准备申请合作办学,想得到中国地方分管教育领导的支持。(预约的技巧)

角色:中美双方学校的校长、领导秘书

地点:分管教育领导的办公室

时间:上班时间

观众:无

场景30:一个中国学生去美国读研。他第一次到美国,带了很多行李。到学校后,他看到出租车计价器上显示费用为 32 美元,但是出租车司机说要付 40 美元。(询问的技巧)

角色:中国学生、美国出租车司机

地点:出租车里

时间:晚上 7 点

观众:无

场景31:研究生小张去导师家,到了才发现忘记带送给导师的礼物。(解释的技巧)

角色:导师、研究生小张

地点:导师家

时间:下午 5 点

观众:无

场景32:桥香园总经理请昆明国旅总经理品尝该店新品过桥米线。他希望和昆明国旅总经理加强合作,进一步开拓市场。(洽谈合作的技巧)

角色:桥香园总经理、昆明国旅总经理

地点:桥香园

时间:下午 6:30

观众:无

场景33:云南省乡村旅游考察团计划到美国加州访问 5 天。在访问前的一个半月,云南省乡村旅游考察团与加州旅游部职员以电话会议的方式讨论该代表团在加州期间的考察与接待方案。(电话会议的技巧)

角色:云南省旅游局副局长、加州旅游部职员

地点:双方各自的电话会议办公室

时间:下午 4:30

观众：无

场景34：中国经理批评美国团队负责人撰写的方案需要太多的资源（金钱和时间），会损害公司的利益。（批评的技巧）

角色：中国经理、美国人（负责团队方案的撰写）

地点：会议室

时间：工作时间

观众：无

场景35：由于营销任务没有完成，总经理在公司总结会上当众批评销售部经理没有尽到责任，促销工作不主动。但销售部经理感到很委屈，认为主要原因是同行业压价竞争的影响，情绪十分沮丧。（宣泄情绪的技巧）

角色：销售部经理和他的朋友

地点："星巴克"咖啡馆

时间：下午6:30，公司下班以后

观众：无

场景36：一位职员的儿子考上了重点大学，同事们向他表示恭喜和祝贺，（恭喜与祝贺的技巧）

角色：办公室职员、3名同事

地点：办公室

时间：上午9点

观众：办公室里的其他同事

场景37：美国合作伙伴即将访问昆明，实习生草拟了接待方案和接待手册。同事小张认为他准备的接待计划还缺少参观当地的著名景点，实习生坚持认为美国合作伙伴不需要参观这么多景点。（表达坚持自己观点的技巧）

角色：实习生小王、同事小张

地点：旅行社办公室

时间：上班时间

观众：无

场景38：某机构负责人要出席一个国际论坛，让职员和实习生一起准备会议宣传资料。

负责人担心资料准备不好，要求职员周末加班。（要求他人加班的技巧）

　　角色：某机构负责人、实习生和两名职员

　　地点：会议室

　　时间：星期五

　　观众：机构其他职员

　　场景39：某高校实习生与大赛节目主持人在一次宴会上再次相遇，实习生希望利用这个机会和节目主持人进一步保持关系。（进一步保持关系的技巧）

　　角色：实习生、大赛节目主持人

　　地点：宴会厅餐桌旁

　　时间：晚宴时间

　　观众：桌上的其他人

　　场景40：新职员的自我介绍。（自我介绍的技巧）

　　角色：一名新职员、公司总经理及老职员

　　地点：公司会议室

　　时间：星期一早上例会前

　　观众：总经理、全体老职员

　　场景41：一名实习生在做一个项目，她希望采访某公司的经理。她在两周前发了两封邮件给经理，但是经理都没有回邮件。于是，她就直接来到了经理办公室。（自我介绍的技巧）

　　角色：经理、学生

　　地点：经理办公室

　　时间：下午2点

　　观众：无

　　场景42：一名酒店新员工第一次参加部门会议，老板向部门同事介绍他。（介绍他人的技巧）

　　角色：新员工、部门同事、老板

　　地点：酒店会议室

　　时间：上午10点

　　观众：参加会议的其他同事

场景 43：文化旅游部准备招聘一位国际旅游市场调研员。(应聘者自我介绍的技巧)

角色：来应聘的美国某州立大学的研究生、人事处处长、人事处科员。

地点：接待室

时间：上午 10 点，上班时间(已经与秘书约定好的时间)

观众：其他应聘者

场景 44：美国某大学行政副校长乔治先生首次拜访我国某大学副校长，希望建立两校之间的合作关系。国际交流处处长向该大学副校长介绍来访的美国某大学副校长。(介绍他人的技巧)

角色：美国某大学副校长，我国某大学副校长、国际交流处处长

地点：副校长办公室

时间：下午 4 点，会谈开始之前

观众：我国某大学国际交流处相关人员

场景 45：某昆明国旅导游部导游到机场接一旅游团，向领队及团友进行自我介绍。(自我介绍的技巧)

角色：昆明国旅导游、领队及团友

地点：机场

时间：上午 9 点

观众：领队及团友

场景 46：一位中国研究生在美国同学家做客。晚宴 6 点开始，大家吃了甜点，聊了很长时间。晚饭后中国研究生准备告辞。(提前离开宴会的技巧)

角色：中国研究生、美国同学、美国同学家人

地点：一位美国同学家中

时间：晚上 9:30

观众：美国同学家人

场景 47：某公司老板为庆祝良好的业绩，宴请公司管理层人员。晚餐于下午 6:00 开始，大家边吃边谈，兴趣正浓时，公司秘书说他有另一个约会，需要提前离开。(提前离开宴会的技巧)

角色：公司秘书、管理层职员、公司老板

地点：餐厅

时间：晚上 8：00

观众：参加晚宴的公司管理层人员

场景48：一位学习中文的美国应聘者要应聘中国某电视台英语新闻频道的节目主持人，面试官问一些关于应聘者的学历背景和个人情况。（面试提问的技巧）

角色：面试官、美国应聘者

地点：中国某电视台英语频道面试办公室

时间：上班时间

观众：无

场景49：美国同学进卫生间准备刷牙洗脸时发现洗手间的地面都湿了，他希望中国室友每次洗澡完后能够收拾洗手间。（给他人提建议的技巧）

角色：美国大学生、中国大学生

地点：校舍

时间：晚上

观众：（无）

场景50：某机构中心主任琼斯先生觉得有一名中国员工工作态度不积极。中国员工觉得工作没有挑战性，琼斯先生安排的工作任务简直就是浪费时间。（抱怨的技巧）

角色：琼斯先生（某机构中心主任）、中国员工

地点：会议室

时间：会议结束后

观众：其他员工

场景51：员工小杨正在办公室写方案，他旁边的同事不停地玩笔，弄出声音，使得小杨很难集中精力。（表达情绪和反应的技巧）

角色：小杨、另一名同事

地点：办公室

时间：办公时间

观众：其他同事

场景52：一名工作人员的女儿两个星期前出车祸去世。今天这名工作人员回来上班，在午休时间，另一名和他关系较好的同事向他表示关心。（表达慰问的技巧）

角色：两名关系较好的同事

地点：公司

时间：早上

观众：其他同事

场景53：一位中国商人在一次贸易交易洽谈会上认识了一名英国商人，互相留了名片。第二天，中国商人给英国商人打电话，希望有机会进一步联系合作事项。英国商人没有接电话，中国商人语音留言给他。（留言的技巧）

角色：中国商人、英国商人

地点：中国商人办公室

时间：下午4点

观众：无

场景54：某大学教授在一次会议晚宴上认识了同行业的一位专家。3个月后，教授希望再次联系这位同行专家，能够共同合作完成一个课题任务。（加强联系沟通的技巧）

角色：教授、同行业的一位专家

地点：教授办公室

时间：下午3点

观众：无

项目六

跨文化交际
活学活用:
体演文化练习
(英文场景)

Script 1: The new colleague Alex comes to the conference room 10 minutes in advance. He finds several other colleagues have already arrived and been waiting for the meeting. He said hello to them. (skills to make small talks with colleagues)

Roles: Alex, other colleagues

Place: Conference room of the company

Time: Before meeting

Audience: Other employees of the company

Script 2: A Chinese brings his colleague Mary to a friend's wedding party. Before the party, the Chinese goes out to answer a phone call, and Mary says hello to others. (skills to make small talks with strangers)

Roles: The Chinese colleague, Mary

Place: Banquet Hall

Time: Before party

Audience: Some strangers at the same table

Script 3: An American professor invites some students in his department to dinner. (skills for small talk)

Roles: A Chinese student, an American professor

Place: The professor's home

Time: 7:00pm

Audience: Other students

Script 4: A Chinese graduate student and an American Professor walk past each other in the same department and they haven't seen each other for 3 months. (skills for small talks)

Roles: A Chinese graduate student, an American Professor in the same department

Place: In a hall outside the department

Time: In November

Audience: None

Script 5: Before the opening of a conference, Professor Grant and a graduate student are chatting when Professor Hill walks up and says hi to the graduate student. (skills for small talks)

Roles: Professor Hill, Professor Grant, a graduate student (works for Grant)

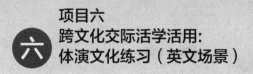

Place：Hilton lobby

Time：7：30pm

Audience：None

Script 6：A truck driver brakes suddenly to avoid hitting a passer-by. The other driver behind him couldn't brake in time. As a result, he hits the real bumper of the truck. (skills for apologizing to strangers)

Roles：A truck driver, a car driver

Place：Roadside of a city

Time：3：30pm

Audience：Passers-by

Script 7：Due to the bad weather, the flight is late. The passengers has waited a long time in the Waiting Hall. They are told the flight is canceled. They complained to the director of Guest Service of the airport. (skills for complaint and apology)

Roles：Passengers, director of Guest Service of the airport

Place：Kunming Changshui International Airport

Time：After broadcasting about flight cancellation from Kunming to Chengdu

Audience：Passengers at the airport

Script 8：The boss sends an email to an employee that he needs to finish the report by 9pm. But the employee fails to submit on time and it's the second time for delaying a report. (skills for apology and criticism)

Roles：The boss, the employee

Place：Office

Time：5：00pm

Script 9：Xiao Yang has a British teacher. The teacher chatted with her for Several times on campus. At the end of the conversations, the teacher says "Come over and visit me sometime." So one day, Xiao Yang decides to go and visit. The teacher opens the door, but she doesn't look very happy to see her and doesn't invite her in. (skills for inviting)

Roles：Xiao Yang, a British teacher

Place：At the door of the teacher's home

Time：6：00pm

Audience：None

Script 10：A Chinese international student asks an American classmate who has just met to revise a paper of 20,000 words within two days. However, the American classmate refused. (skills for asking for help and decline to help)

Roles：A Chinese international student, an American classmate

Place：Classroom

Time：3：00pm

Audience：None

Script 11：A Chinese college student meets an American at Carrefour. The American asks a shop assistant if a certain kind of spaghetti is available. But the shop assistant doesn't understand his English and the student helps him to translate it into Chinese. (skills for offering help)

Roles：A Chinese college student, an American

Place：Carrefour

Time：8：00pm

Audience：None

Script 12：A Chinese employee comes to the airport to pick up a Canadian client. The client is over 70, with two huge suitcases in hands. The Chinese employee wants to offer help, but the Canadian refuses his help.

Roles：A Chinese employee, a Canadian client

Place：Airport

Time：4：00pm

Audience：Other travelers

Script 13：A Chinese colleague has finished a paper. He wants to ask his American colleague to translate for him by Saturday, but the American colleague declined. (skills for declining help)

Roles：Two colleagues

Place：Office

Time：5：00pm on Friday

Audience：None

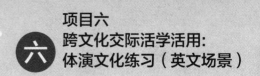

Script 14: An American colleague invited his Chinese colleague to the Expo in Shanghai at the weekend. However, the Chinese colleague wants to decline since he is not available. (skills for declining help)

Roles: A Chinese colleague, an American colleague

Place: Office

Time: Break at work

Audience: None

Script 15: A Chinese student finds that his American teacher never corrects his English during the English conversation class. He worries his spoken English not make progress. So after class, he decides to talk to his teacher and ask him to correct his mistakes in class. (skills for asking for help)

Roles: A Chinese student, an American teacher

Place: Classroom

Time: After class

Audience: Other students

Script 16: An American graduate student hopes to work at Yunnan University. He knows that his supervisor and the president at Yunnan University are friends. So he asks his supervisor to recommend him to the president. (skills for asking for help)

Roles: An American graduate student, his supervisor

Place: His supervisor's office

Time: After class

Audience: None

Script 17: While a volunteer of a university is drinking tea at the office, the director of the Poverty Relief Center comes in. After greetings, they begin to chat. (skills for finding common topics)

Roles: Director of the Poverty Relief Center, a volunteer of a university

Place: Yunnan Poverty Relief Center

Time: Break during work

Audience: Other employees of the Center or volunteers

Script 18: Chen Jun drinks coffee with a group of American friends at a cafe. In the beginning, the American friends chat with him, but then he finds it difficult to understand what they are saying. (skills for finding common topics)

Roles: Chen Jun, a group of American friends

Place: A cafe

Time: 2:00pm

Audience: None

Script 19: A Chinese college student meets an American student at a park. They begin to chat. (skills for finding common topics)

Roles: A Chinese college student, an American student

Place: At a park

Time: 6:00pm

Audience: None

Script 20: A college in Yunnan applied for RMB30 million for education from the World Bank. Mr. Li who is the official in charge of the education project of World Bank comes to Yunnan to check the progress in the college. At dinner the director of the project of Yunnan Education Bureau, and the president of the college took a toast to Mr. Li. (skills for interaction)

Roles: Mr. Li (the official in charge of the education project of World Bank), director of the project of Yunnan Education Bureau, president of the college

Place: The banquet hall of the college

Time: After Mr. Li's visit to the college, an evening before he leaves

Audience: the other leaders of the college

Script 21: While a colleague is looking for a stapler, he finds out it is broken. So he plans to borrow one from another colleague. (skills for borrowing stuff)

Roles: Two colleagues

Place: The office

Time: At work

Audience: None

Script 22: Mark is an American professor in a university. One day he told his students that he had got a research fund of 10,000 dollars. His students said congratulations to him. (skills for compliment)

Roles: Mark (an American professor), his students

Place: The classroom

Time: During class

Audience: None

Script 23: A Chinese manager brings some Australian partners to visit a local geological museum. There are no English explanations for the exhibits at the museum. So he decides to translate for them. After the visiting, the partners thank him and compliment on his English. (skills for replying compliment)

Roles: A Chinese manager, Australian partners

Place: The museum

Time: 3:00pm

Audience: None

Script 24: The secretary general helps set up a meeting between a manager and the vice mayor. The manager wants to express thanks to the secretary general for his help and invites him to play golf. (skills for expressing thanks)

Roles: The secretary general, a manager

Place: At their offices respectively

Time: 10:00am

Audience: None

Script 25: Ma Li, manager of the marketing department, comes to the accounting department. He wants to invite Mike, the manager of the accounting department to dinner, but Mike has already got a dinner plan with another friend. (skills for invitation or refusal)

Roles: Colleagues from two departments, one is the manager of the marketing department, and the other is the manager of the accounting department

Place: Accounting department

Time: At work

Audience: None

Script 26: An American employee returns to work after his business trip in south China. He brings a gift to his Chinese manager. (skills for gift-giving)

Roles: An American employee, his Chinese manager

Place: The manager's office

Time: 9:00am, at work

Audience: None

Script 27: A Chinese student got a scholarship to study in an American university. His English teacher, an American, who wrote a recommendation letter for him which helped him a lot for getting the scholarship. The student decides to give his teacher a landscape painting, as a way of thanking her. (skills for gift-giving)

Roles: A Chinese student, an American teacher

Place: Classroom

Time: After class

Audience: Other students

Script 28: A student wants to send some specialties to his class tutor. (skills for gift-giving)

Roles: A student, his class tutor

Place: Office of the tutor

Time: At work

Audience: Other tutors

Script 29: The Chinese and American principles plan to open a school together. They want to win the support of the director of the Education Bureau. (skills for appointment)

Roles: The Chinese and American principles, secretary of the director

Place: The director's office

Time: At work

Audience: None

Script 30: A Chinese student who has just arrived in the US for the first time. He brings loads of luggage and takes a taxi to school. When he gets to the school, the taxi's meter reads $32, but the driver says he should give him $40. (skills for inquiry)

Roles: A Chinese student, an American driver

Place: In taxi

Time: 7:00pm

Audience: None

Script 31: Xiao Zhang, a graduate student goes to his supervisor's house. When he arrives, he finds he forget to bring the gift. (skills for explanation)

Roles: The supervisor, Xiao Zhang—a graduate student

Place: The supervisor's house

Time: 5:00pm

Audience: None

Script 32: The General Manager of Qiaoxiangyuan Restaurant invites the General Manager (GM) of Kunming International Travel Agency (KITA) to taste the new style rice noodles. He wants to thank the GM of KITA for his help and wants to boost cooperation and expand the market. (skills for cooperation)

Roles: General Managers of Qiaoxiangyuan and KITA

Place: Qiaoxiangyuan Restaurant

Time: 6:30pm

Audience: None

Script 33: An Inspection Group of Village Tourism in Yunnan province plans to visit California for 5 days. The Chinese party and American party discuss the inspection and reception plan by teleconference one month and a half before the visit. (skills for teleconference)

Roles: Deputy Director of Yunnan Tourism Bureau, employees of California Travel Bureau

Place: Teleconference offices of each party

Time: 4:30pm

Audience: None

Script 34: A Chinese manager criticizes the project proposal requiring too many resources (money and people's time), which would result in losses for the company. (skills for criticism). The project proposal was written by an American team leader.

Roles: A Chinese manager, an American team leader who wrote a project proposal

Place: In a meeting room

Time: At work

Audience: None

Script 35: Because the employees haven't finished the sales target, the GM (General Manager) criticizes the manager of marketing at the company's meeting for his inability and lack of initiative. However, the manager of marketing feels very upset, because he believes the main reason is the low prices from competitions. He is quite discouraged. (skills for talking about bad mood)

Roles: Manager of marketing and his friends

Place: Starbucks

Time: 6:30pm, after work

Audience: None

Script 36: An employee's son is enrolled by a top university. His colleagues express congratulations. (skills for congratulations)

Roles: The employee, three other colleagues

Place: Office

Time: 9:00am

Audience: Other colleagues at the office

Script 37: The American partners will visit Kunming soon. An intern drafts a reception plan and a reception handbook. His colleagues thinks he should include some famous attractions at the local area, but he insists that the American partners needn't visit so many attractions. (skills for insisting on your views)

Roles: Xiao Wang (the intern); a colleague (Xiao Zhang)

Place: Office of a travel agency

Time: At work

Audience: None

Script 38: The director of an organization will attend an international forum next Wednesday. He asks employees and interns to prepare the promotion materials for the meeting. However, he worries that they may not have enough time to prepare, so he requires them to work overtime during the weekends. (skills for asking others to work overtime)

Roles: The director of an organization, Other employees and two interns

Place: Meeting room

Time: On Friday

Audience: Other employees

Script 39: An intern of a college meets the host of a competition program again at a banquet. The intern hopes to use this opportunity to keep in touch with the host. (skills for keeping in touch)

Roles: An intern, the host of a competition program

Place: Near a table of the banquet hall

Time: Dinner time

Audience: Others at the table

Script 40: A new employee introduces himself. (skills for new employees to introduce themselves)

Roles: A new employee, the general manager, all the other staff

Place: Meeting room

Time: Before the routine meeting on Monday morning

Audience: The general manager, all the other staff

Script 41: A intern is doing a project. She would like to set up an interview to a company's director. The director has not responded to the emails. So she comes to the director's office directly. (skills for self-introduction)

Roles: A director, a intern

Place: The director's office

Time: 2:00pm

Audience: None

Script 42: A new employee in the hotel attended a department meeting, the boss introduced him to others. (skills to introduce others)

Roles: New employee, department coworkers, the boss

Place: Hotel meeting room

Time: 10:00am

Audience: Meeting goers

Script 43: Chinese Cultural and Tourism Bureau wants to recruit a researcher for the international tourism market. (skills for job seekers to introduce themselves)

Roles: A graduate student from Ohio State University in the US, the director of Human Resources of Personnel Division of the Bureau, a secretary who works in the office (receives the American graduate student)

Place: Reception room of the Tourism Bureau

Time: 10:00am at work (appointment time by the secretary)

Audience: Other job seekers

Script 44: Mr. Jorge, the vice executive president of Washington University in the US meets Mr. Zhang, the vice president of Yunnan University for the first time. Mr. Jorge wants to establish cooperation with Yunnan University. The director of International Exchange Office introduces Mr. Jorge to Mr. Zhang. (skills for introducing others)

Roles: Vice executive president of Washington University, vice president of Yunnan University, director of International Exchange Office

Place: Mr. Zhang's office

Time: 4:00pm, before the meeting

Audience: Other staffs of Yunnan University

Script 45: A tour guide works at the Kunming International Travel Agency, meeting a tour group at the airport and introduce himself to the leader and members of the tour group. (skills for self-introduction)

Roles: A tour guide, A tour leader

Place: At the airport

Time: 9:30pm

Audience: Tour group members

Script 46: A Chinese graduate student was invited to an American classmates' home. After dinner and dessert time, he wanted to go home. (skills for leaving a party early)

Roles: A Chinese graduate students, an American classmate and his family

Place: An American classmate's Home

Time: 9:30pm (Dinner started at 6:00pm, dessert has already been eaten and conversation has gone on for a while)

Audience: An American classmate's family

Script 47: To celebrate a remarkable company performance, the boss invites some managers to dinner. The secretary has a date, so he needs to leave early. (skills for leaving early from a dinner)

Roles: The secretary, young employees, the boss

Place: A restaurant

Time: 8:00pm (dinner begins at 6:00pm; they are talking excitedly while eating)

Audience: Managers of the company

Script 48: An American applicant who is studying Chinese has a job interview with an interviewer from the English channel of China Central Television, the interviewer asks some questions about his educational personal background. (skills for job interviews)

Roles: An interviewer, an American applicant

Place: Interview office of the English channel of China Central Television

Time: At work time

Audience: None

Script 49: An American student finds the wash room is wet when he prepares to wash face and brush teeth. He wants to tell his Chinese roommate to clean the wash room after taking shower. (skills for offering advice to others)

Roles: An American college student, a Chinese college student

Place: Dormitory

Time: In the evening

Audience: None

Script 50: Mr. Jones asks a Chinese employee to work harder because Mr. Jones thinks the employee has become much less active. The employee feels that the assignments are not challengeable enough and waste time. (skills for complaints)

Roles: Mr. Jones (the Center director), a full time Chinese employee who has been working there for 3 months

Place: Meeting room

Time: After meeting

Audience: Other employees

Script 51: Mr. Yang is working diligently, but when another coworker starts clicking his pen without cease, it makes Mr. Yang hard to concentrate in working. (skills for expressing and reacting to emotion)

Roles: Mr. Yang, another coworker

Place: Office

Time: At work

Audience: Other coworkers

Script 52: A coworker's teenaged daughter died in a car accident two weeks ago. The coworker has just come back to work. During the coffee time, his colleague comes to talk to him. (skills for expressing condolences)

Roles: Two coworkers with a casual friendship

Place: Company

Time: Morning

Audience: Other coworkers

Script 53: A Chinese businessman met an English businessman at a trade conference. They exchanged name-card. The next day, the Chinese businessman called the English businessman to ask if he would be interested in cooperation. The English businessman did not answer, so the Chinese businessman left a message. (skills for leaving a message)

Roles: A Chinese businessman, an English businessman

Place: A Chinese businessman's office

Time: 4:00pm

Audience: None

Script 54: Three months after meeting at a conference dinner, the professor thinks it would be good to re-initiate contact with an expert to co-operate a project.

Roles: A professor, an expert in the same field

Place: The professor's office

Time: 3:00pm

Audience: None

拓展篇

项目七
吃在美国

【图片导入】

Questions：Can you describe the following pictures in Chinese or in English?

图 7.1   Oatmeal

图 7.2   Cereal

图 7.3   Sunny Side Up

图 7.4   Over Hard

图 7.5   Full Breakfast

图 7.6   Coney Dog

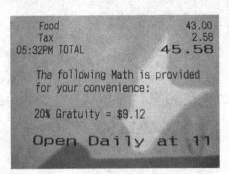

图 7.7　Gratuity

图 7.8　Tip

图 7.9　Panda Express

图 7.10　Fortune Cookies

图 7.11　Gelato and Soft-serve

图 7.12　Cones

图 7.13　Host/Hostess

图 7.14　Bus Boy

图 7.15　Free Refills

图 7.16　Booster Seat/High Chair

图 7.17　Grubhub

图 7.18　Doordash

图 7.19　Delivery

图 7.20　Take-out

【文化背景知识拓展】

一、Oatmeal and Cereal

一般来说,生的麦片和做好的粥都称为燕麦粥(Oatmeal)。麦片粥(Cereal)是指一类早餐,多数是用玉米粉或黑面粉做成的脆片(Corn flakes),直接用奶泡着吃的。在美国 Cereal 统称也包括 Oatmeal。Cereal 加牛奶,是很多美国人几乎每天早上都会吃的东西。到了美国超市

里,也总是可以看见整排的货架上摆了各式各样 Cereal。许多美国人喜欢同时买两三种不同口味的 Cereal 摆在家里,吃早餐时就可以自由调配。Oatmeal 燕麦片也是美国人常吃的早餐之一。他们常买原味的燕麦片水煮约一分钟,有时也买加味处理的、只要加水冲泡的速溶燕麦片(Instant Oatmeal)。

二、Cooking Eggs

鸡蛋有多种做法和叫法。例如,Scramble Egg 是将煎熟的鸡蛋中间放些馅料卷起的鸡蛋饼;Soft-Boiled 是煮鸡蛋;Hard-Boiled 是蛋白是固体,蛋黄是液体的溏心蛋;Over-Easy 煎蛋的蛋黄是液体;Over-Hard 的蛋黄是固体;Over-Medium 的蛋黄是半固体;Sunny-Side Up 是底部煎脆,上面是半生不熟的蛋黄,也叫太阳蛋;Poached 是荷包蛋。

三、American Full Breakfast

美式早餐花样繁多,但最经典的款式还是起源于 full breakfast。典型的美式早餐一般包括培根、香肠、鸡蛋、土豆和其他的食物,再加上一杯饮料,通常是咖啡或茶。

四、Gratuity and Tips

在美国吃饭,如果是午餐,通常给 10%~15% 的小费,如果是晚餐,通常是 15%~20%(麦当劳等快餐不用给)。通常都是凑个整数,写在账单上。有时候餐厅也会有建议的小费。有些账单上小费用的是 gratuity。客人签字完后,直接把账单放在桌上,不用等服务生来收,这是刷信用卡的情况。如果是付现金(最好是纸币),可以直接留在桌上。请记住不要直接给服务员,留在桌上会比较礼貌。

五、American Chinese Food

美式中餐很独特,虽然它叫"中餐",但是在口味和菜式上与传统中餐有很大不同。例如左宗棠鸡、幸运饼干、陈皮鸡。熊猫快餐就是典型的美式中餐,它的创始人是一对华人夫妇。1983 年他们在加州的罗伦代尔市开了第一家熊猫快餐。在随后的 30 多年里,他们陆陆续续开了 1 700 家分店。熊猫快餐一开始就把目标对准了美国人。无论是菜式还是服务,都充分体现了中西合璧的特色。例如,烹饪方式保留了中国的传统特色,口味上偏重美国人最喜欢的酸甜味。进入餐厅你得先排队自助点餐,而不是找个座位等着服务员给你送菜单,从它名字里的"express"中,也可以看出这里是个快餐店。在美国的中餐馆吃完饭后,服务生通常都会送上一小碟幸运饼干(fortune cookies),金黄的外表呈菱角状,外皮和蛋卷类似,吃的时候掰开,会有一张带字的纸条。有时会有个预测命运的签文;有时是一句祝福语;有时是人生格言;有时是运势预言。内容不外乎事业、学业顺利之类。很多去中餐馆吃饭的人都很喜欢,幸运饼干在美国很受欢迎。

六、Gelato and Soft-serve

Gelato 意式冰激凌脂肪含量较低,一般在 3.8% 左右,配方中奶油较少,牛奶较多。意式冰激凌口感绵软,储存温度比一般的冰激凌高。因此,意式冰激凌也更容易给人一种入嘴即化的感觉。Soft-serve 软冰激凌最大的特点就是软。我们经常在快餐店里吃到的、从机器中挤在蛋筒上的冰激凌一般都是 soft-serve。从原料角度上来说,soft-serve 和 ice cream 基本没有区别,但是 soft serve 含有更多的空气,因此也更轻更软,快餐店大多出售这种冰激凌。

七、Delivery and Take-out

美国大部分地区点外卖都是直接打电话去饭店,像中国的美团送餐服务在人口较多的大城市才有。美国主要的外卖 APP 有 Seamless, GrubHub, Door Dash, EAT24 等。Delivery 指餐厅送外卖上门,而 take-out 指自己去餐厅点餐然后打包带走,take-out 可以不给小费。送外卖的人叫 the deliver guy。一般来说,给 the deliver guy 的小费是餐费的 15%~20% 或至少 2~3 美元。

【句型用法拓展】

1. Reservation

Is there still any reservation open for tonight?

Hi, I'm just wondering, is there still any reservation open for tonight?

Is there (maybe) a spot open for three?

I'd like to book a table for three at seven tonight.

I'd like to make a reservation for 7:00 this evening. We are a group of three.

2. Paying the Bill

How much does it come out to?

How much is it in total?

Do you guys take cards?

Can I have the bill?

How would you like to have your bill? A bill for three of you or a bill for each?

3. Order Dishes

Can I add avocado, mango... and let's see what else.

I know it's not on the menu but can you just do a regular spaghetti?

Could I just have the soup to start please?

What else would you like?

Or I can do spaghetti and meatballs.

4. Give Comments

I can do that-that with spaghetti would be good.

That sounds really good actually.

This is really hot.

Do you like it cheesy? Uh yeah that would be great.

Awesome. Is that good? Perfect.

5. Take-out

I'd like to order some take-out. Two pizzas to go!

Plain Boiled tender chicken. Eat in or take out (away). Up to you.

I fancy an Indian take-away.

Two chicken curries and rice to take away, please.

We can deliver goods to your door free of charge.

【俗语用法拓展】

The quickest way to a man's heart is through his stomach.—Cooking for a man is a good way to win his affections.

Too many cooks spoil the broth.—If there are too many people trying to do something they make a mess of it.

His eyes are bigger than his stomach.—An expression used when somebody wants more food than they can eat.

I am so hungry that I could eat a horse.—To be really hungry.

To eat like a bird.—To eat only a small amount of food.

Dinner is on me.—To offer to pay for someone else's dinner.

【讨论话题拓展】

Are there common foods that you eat outdoors in your country?

Do you barbecue, grill, or cook food outside in your country?

Do men or women cook more often in your country? In your family?

Does your family cook and eat in your kitchen or do you only cook in the kitchen?

What are some of the most interesting foods in your country?

What is the history of your favorite food in your country?

项目 八
住在美国

【图片导入】

Questions：Can you describe the following pictures in Chinese or in English?

图 8.1　Townhouse

图 8.2　Patio House Entrance

图 8.3　Apartment

图 8.4　Condominium

图 8.5　Multi-Family House

图 8.6　Ranch/Rambler

图 8.7 House for Rent

图 8.8 House for Sale

图 8.9 Social Security Number

图 8.10 Security Deposit

图 8.11 Garbage Collection

图 8.12 Community Service

图 8.13 Living Room

图 8.14 Laundry Room

图 8.15　Family Room

图 8.16　Television Room

图 8.17　A den/a Study

图 8.18　Garage

图 8.19　Backyard

图 8.20　Front Yard

【文化背景知识拓展】

一、Townhouse and Patio house

联排别墅(Townhouse)，指的是各家各户之间有共有墙，但独门独户的别墅。Townhouse有比较方便的交通条件，为城市边缘地带的住宅。Townhouse归业主所有，有的Townhouse会自带庭院和车库，但是有些却没有。相对独栋别墅，Townhouse少了一定的私密空间。

　　独立别墅(Patio House)，指的是拥有独立院子的别墅。独立别墅通常有自家的车道(driveway)、车库(garage)和庭院(yard)。房屋主人在拥有土地和房屋的完全所有权的同时，也有维护自家庭院和物业的责任。比如，下雪天要对自家房屋的车道铲雪，对自家庭院的花草也要及时浇灌或者修剪。

二、Condominium and Apartment

　　Condominium 简称"Condo"，指买的公寓房，一般位于交通生活便利的区域，每一单位业主除拥有自住空间外，可共享公共空间及公用设施，但需缴纳一定的管理费(home of association fee)。从外形上来说，Condo 和 Apartment 没有区别。Apartment 指租的公寓房，Condo 只是房屋产权形式并不是房屋类型。Condo 业主每年需要缴纳房地产税。所以如果是租 Condo 的话，通常都是与屋主签订租房合同，而不是房产公司。公寓大多是年轻群体的选择。在美国，公寓的配套设施十分完善，有洗衣间、供暖、空调、健身房、游泳池、停车场。小区周边也有生活便利的超市。公寓的所有权可以是公司的，也可以是个人的。以公司形式存在的公寓通常由公司进行管理，这一类公寓不出售，只招租。而个人形式的公寓，就是个人通过买卖获得了公寓的所有权。这种房屋可以投放到市场招租或者出售，也可以自己居住。

三、Multi-Family House and Ranch House

　　单元房(Multi-Family House)可以容纳 2~4 户家庭(单元)。每个家庭有独立的卫生间、厨房、起居室和卧室。这种结构的房屋，是一种很典型的投资房，可以自用一个单元，其他空置单元可以投放到市场出租。这样收租的钱就可以用来偿还房屋贷款和补贴家庭。有车库的平房(Ranch House)在美国是最常见的房屋结构。

四、Renting House

　　留学生或移民到美国面临的最重要的问题就是租房，其中包括如何选址、结算费用、签订契约等问题。

1. Ways of Renting House

　　寻找租房信息的途径：当地报纸上每天都有大量的房屋出租广告；也可以上常用的英文租房网站；在住宅区内，有些房屋如果是需要出租的，会在外面插上"For Rent"的牌子。对于学生来说，通过学校住房管理中心、留学生会等平台，也可在同校学生中间找到一些房屋转租、分租信息；也可以找房屋租赁中介，不过中介费不是小数目。如果在网上预订租房，记得把要求筛选好，比如，上面标出的房间类型，是整租还是合租；住房要求，如卧室和床的数量；生活设备的要求，如需要某种电器、厨房和 WiFi，还有其他设备的要求。

2. Considerations

　　美国的房屋类型在租房市场上较常见的有 3 种：Single House，Condo 和 Apartment/Flat。

房屋面积可大可小,房屋业主既可以是租房公司,也可以是个人。留学生可以考虑通过合租来节省房租开支,不像来美移民,需要租下整间房屋。挑选房屋时,除了需要考虑租房预算、房屋所在地区治安状况、屋内是否有自带家具、是否需要自付水电煤气等杂费、到学校或工作地点交通是否方便等基本因素,还需要考虑房屋是否提供足够的停车场、小区停车收费、每周街道清扫等配套。

3. Long-term Tenting and Month-to-month Renting

房屋租期一般分为 long-term 和 month-to-month 两种,long-term 一般要求房客至少住满一年,少数情况则要求至少住满 3 个月或 6 个月。目前不少租房公司和个人房东会考虑对签一年租约的房客给予一些优惠,例如,免去一个月的房租。长期租约除了要求现任房客退房时提前 30 天左右通知房东,通常还要求房客找到愿意接替租约的人,直至房约期满。按月的租约较为灵活,通常房客只需要提前通知租房公司或房东就好。

4. Social Security Number and Deposit

看到满意的房子之后,有些租房公司或房东会要求填写一份申请表,提供包括 social security number(社保号)、出生日期等个人基本资料,并出示护照、驾照、身份证等证件,用于核查申请者的犯罪记录和信用分数。还有租房公司或房东要求申请人提交由雇主出具的 income statement(收入证明)或 pay stub(工资单)。决定租下房屋后,通常需要预付部分或全部租房押金(security deposit),押金金额一般为一个月的房租。支付押金和房租通常不接受信用卡,只能使用 cash(现金)和 check(支票)。

5. Lease

签订 lease 时,需要格外谨慎,逐字逐句阅读租约各项条款。有的地区要求,在没有翻译的前提下,若房客与房东之间以英文达成租房协议,且租期在 30 天以上,房东必须在房客签约前向房客提供一份租约的中文译本,无论房客是否对此有要求。对于留学生来说,特别需要留意关于可容留访客过夜最长期限的条款,以免因家人前来探亲,居住时间超过时限被房东罚款或扣掉押金。下单之前最好与房主联系,把一些关心的入住事项问清楚,一定要注意房东的要求。有些房东是不允许游客吸烟或带宠物的,也有些房东怕打扰邻居或弄脏家里的环境,不允许游客在家开晚会之类的,这些都一定要弄清楚。而且也需要特别询问能否在院子、阳台等户外区域晾衣服,在美国许多城市不允许户外区域晾衣服。到达了住宿的地方,就可以直接和房东联系拿钥匙了。有些房东会亲自接驾把钥匙给租客,也有些会把钥匙和使用说明邮寄给房客或放到加锁的信箱里。

五、Garbage Collection

在美国居住的小区内都没有公用的垃圾桶或垃圾箱,各户都需自备两种垃圾桶,一种用于不可回收的垃圾,如生活垃圾,为深绿色桶状,使用时会套上专用的塑料垃圾袋;另一种用于可

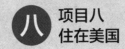

回收垃圾,为红色筐状。至于哪些是"可回收垃圾",政府为居民提供有详细的列表。垃圾桶平时放在家里或车库中,垃圾车每天早晨会来一次。居民会提前将垃圾桶放到路边,等待垃圾车来运走。

六、Community Service

美国的社区服务涵盖的范围非常广,通常服务的对象几乎涉及所有的弱势群体,包括妇女、老人、儿童和青少年、少数族裔群体、残疾人士、退伍军人等。同时,社区服务还与多项社区发展目标相连,绝大多数社区服务的提供者是非营利性的社会团体和组织。社区服务带有强烈的宗教使命感,而且因为社区服务的提供者有着强烈的道德和价值观。社区通常通过向社会筹集资金和人力上的帮助,雇用专业的社会工作者来提供社区服务。

七、Garage

车库(garage),对于每个美国人而言都是必不可缺的空间,也是一种独特的文化符号。它不仅是美国家庭固定资产的标配,也常常是娱乐和家庭聚会的场所,以及男人们做修理、改装等工作的乐园,并由此形成了独特的车库文化。在美国,车库是家里最自由变换的地方,很多人把车库用作其他用途,比如卧室、游戏室、修理厂、储物间等,极少的车库仅用于最初的目的:汽车的房子。也正因为车库的千变万化和多种组合,让它成为美国家庭生活中非常奇特的一部分。储物间是美国家庭车库最常见的利用形式,他们的车库一般都很大,除了偶尔停放汽车,其他时间可能都会闲置。因此,房子较小或没有地下室的家庭,会选择在车库存放杂物,既方便在用的时候快速找到,又能在不用的时候快速处理掉,车库成了废物合理利用的中转站。

美国人对二手货喜欢到痴迷的程度。从房子、汽车等大件,到家具、衣服等日常用品,毫不忌讳别人使用过的痕迹。同样,二手货的买卖方式也是五花八门,令人叹为观止。由于车库具有天然的门面房特点,加之平时搁置不用的杂物可以直接卖掉,因此会过日子的美国家庭,喜欢在自家车库里就地甩卖用不上的东西,大到各式家具,小到孩子们的玩具,没有什么是不能卖的。英语里管它叫"Garage Sale",国内俗称"跳蚤市场"。春末夏初是美国车库甩卖的旺季,每到五六月份都会有成千上万的居民户在自己家车库门口插上小旗,摆开一张桌子,开始卖旧货或者闲置物品。有的居民会在甩卖前贴出自己的二手产品名单宣传一下,主人用标签注明每件物品的价钱,没有标价的则可以还价。廉价处理的物品多种多样,多数属用过的东西,但也有全新的物品。为了吸引更多的买主,这种售货活动常在周末举行。

【句型用法拓展】

1. Asking about Renting Information

Hello, do you have any vacancies?

Are utilities included in the rent?

Do you have any cheap studio apartments?

I'm having some trouble in finding an apartment. Can you help me look for some listings online?

Well what about this two-bedroom apartment? The listing says it's right in the heart of the city, just steps from the metro.

2. Renting Requests

It's located in the suburbs? Well even though that sounds like a steal, I really want something downtown.

I'd like to find a roommate to share the cost.

I want to rent a furnished flat.

Could you please lower the rent a little bit to make it even?

Can I have a month-to-month lease? I only want to rent the apartment for five months.

3. Introducing the House

Please take a look at the model of the building.

There are 4 units in one level. The sizes of the units are 1,000 square feet and 1,000 and 500 square feet. The size with one thousand square feet has 3 bedrooms and the biggest size has four bedrooms.

There are 3 elevators between 148 units.

There are a total of 160 parking lots on the second and third floor, in which 12 are for visitors and the rest are for residents.

4. Asking Information about Buying a House

How many elevators are there?

How about the car-park space?

How about the price and the bank mortgage?

When is the completion date?

How many payment methods are there?

5. Talking about the Ways of Payment

Please check up the price list. The average unit price is five million Hong Kong dollars.

There are eight different banks that will provide a seventy percent mortgage loan.

The developer will offer another ten percent mortgage to purchasers.

The deposit is usually refundable.

The rent is 1,500 dollars a month.

【俗语用法拓展】

Home is where the heart is. —What a person loves can be described as their home.

Make yourself at home. —Help yourself!

A home away from home. —The home of the traveler is as comfortable as at home.

A man's home is his castle. —It means that a man can act as he likes in his house, like a ruler in a castle.

You can't go home again. —It is difficult to go back to simple life.

Home is where you hang your hat. —One should simply accept any place where one happens to reside as one's home.

【讨论话题拓展】

Do you feel at home if you are in a foreign country?

Would you rather live in a house or an apartment?

Do people have yards and gardens in your country?

Do men in your country create Man-caves also?

What do you need in order to feel at home?

Do you agree this saying "Home is where you hang your hat?" Why or why not?

项目九

行在美国

【图片导入】

Questions: Can you describe the following pictures in Chinese or in English?

图 9.1　Bus

图 9.2　Taxi

图 9.3　Uber

图 9.4　School Bus

图 9.5　Subway

图 9.6　Ticket Entrance

图 9.7　Metro Station

图 9.8　Ticket Machines

图 9.9　Transit Access Pass Card

图 9.10　Compartment

图 9.11　Train

图 9.12　Budget

图 9.13　Megabus

图 9.14　Greyhound

图 9.15　Gas Station

图 9.16　Self Service

图 9.17　Diesel

图 9.18　Nozzle

图 9.19　Gasoline

图 9.20　Minivan

【文化背景拓展】

一、Bus

美国公共汽车都是无人售票汽车，一张车票 50 美分到 2.5 美元不等，也可以买月票和充值卡。美国的公交车不是站站停，每一站没有报站，而且下车方式也与国内有很大差别，乘客需要下车的时候要提前拉一下车上的铃铛通知司机下车。对不熟悉路线的乘客来说，下错车站也就在所难免了。不过,下错车也不必担心,因为每一站之间的距离也不会很远。美国的公交车大多没有站牌,小站大多贴个时间表,大站才会有站牌。与国内不同,美国公交车站牌是电子的,可以显示时间和公交车将要到达时间。不过,美国公交车的缺点就是不发达,尤其是在中小城市,次数少还不能准时准点。

二、Taxi

美国的出租车保有量不高,需要提前预约,而且价格不菲,除了打车费还有司机的小费,所以打车这种出行方式在美国来说性价比较低。如果要搭乘出租车的话,在路边招手是行不通的。需要拨打出租车公司的电话进行叫车服务,或到巴士站附近的出租车停靠区(Taxi Zone)等待。如果携带大件行李,要收取额外费用。起步价是 4 美元,之后每英里(约 1.61 千米)为 2.45 美元,除了里程价外,还需支付 15%~20% 的小费。与这些交通方式相比,uber 显得方便又划算,美国的 uber 价格在有折扣时大概是出租车的一半,操作起来也和平时使用的方法一样。而且除非司机帮你提行李,一般不需要给小费。

三、School Bus

在美国的住家区人们经常都会见到一些橙黄色的大型巴士出入于街头巷尾之间,早上将小孩子接到学校,下午再送回家。这些独具一格的大型巴士就是美国中小学校用来免费接送学生的校车,英文称"school bus"。根据美国交通局的统计资料,在美国每天坐校车去学校的学生占所有中小学生总数的 54%,其余的则主要是家长自己接送,但也有极少数是靠步行。

四、Subway

美国的地铁已有百年历史,但地铁在美国的城市分布却不广泛,在全美国拥有地铁的城市只有 7 个,分别是纽约、洛杉矶、芝加哥、波士顿、华盛顿、费城、旧金山。其中,不少城市的地铁线路建于 20 世纪初或 19 世纪,已经老旧不堪,但是地铁的建筑却别具一格。其中最著名的就是纽约地铁。纽约地铁线路达 37 条之多,全长 416 千米,堪称世界第一,而纽约地铁的肮脏在世界上也首屈一指。纽约地铁也是全球唯一 24 小时全年无休的交通系统。地铁的单程票价跟公交是一样的。如果是要长期乘坐,可以选择日票、周票和月票。在每个地铁站入口可以在自动贩卖机上买到 TAP 充值卡(Transit Access Pass Card),可享两个小时内的免费转站,使用完后可退回押金。

五、Train

在美国坐火车旅行一直是相对比较小众的方式。因为票价不低(甚至高过飞机),耗时比

较长,所以汽车和飞机是主要的代步工具。美国的火车系统由 Amtrak 公司管理,在官方网站 Amtrak.com 上可以看到所有的路线和火车信息,线路基本贯穿美国的大部分城市。Amtrak 网站接受网上预订,像预订机票一样,只要输入起点城市和终点城市,网站会给你设计一条建议路线。有些城市没有火车站,而有的大城市可能有几个火车站。美国的火车从内部来看和中国的高铁差不多,但通常坐的人比较少。某些大城市之间的短途可能会满座,比如从费城到纽约,整体舒适感很高。根据线路的不同,火车有可能分为上下层,或者设置专门的观光车厢。座位还可以具体分为普通的硬座和商务舱。

六、Car Rental

美国的汽车租赁公司很多,像 Budget、Enterprise、National 等都是大型全球连锁租车公司,在全国设有几十个分店,有的在机场、大型宾馆等人们经常落脚的地方也摆有柜台。租车公司提供的车型非常多,搬家用的柜式货车以及厢式旅行车(Minivan)。租车人可以通过电话或上网预订车型,下飞机后便可取车上路。大的租车公司在机场及旅馆附近设有停车场,并免费为租车人提供巴士往返机场和停车场之间。还车的时候为了方便顾客,只要还给租车公司的任何一家分店即可,甚至可以在这个州租车到另一个州还车。美国租车以天计价,小型车的租车费一天只有30美元左右,如果提前预订,还可以优惠20%,周租和月租更是半价优惠。在美国租车只要两样东西即可,一是信用卡,二是驾照。

租车的第一步是选择车型,美国租车一般分为经济型(economy)、小型车(compact)、标准型(standard)、中型车(intermediate)、大型车(full size),还有高级车(premium)和豪华型(luxury)。另外,有自动挡(automatic shift)和手动挡(stick shift)。选好车型后,租车公司人员会介绍各种费用收取的情况,让你决定选择或放弃一些可选项,如保险、儿童座椅等。在所有选项都决定好之后,会打印一张类似租车合同的东西出来,签字确认。之后工作人员会交给你车钥匙,让你自己到停车场取车,整个租车过程便完成了。取车离开停车场时,会有工作人员检查合同和车牌号以防有人直接开走车。

七、Greyhound and Megabus

美国有两大长途巴士的公司,登录 Greyhound 和 Megabus 的网站,基本上能到达任何你想去的地方,无论大城市、小镇、山区,甚至沙漠区。通常 megabus 的总体价钱只需要 greyhound 的一半以下。Greyhound 偶尔有便宜票。便宜的票只有淡季才会出现,冬天是美国的旅游淡季。通宵车通常都会便宜,它的好处是能省下一晚旅馆的住宿费。冬天出游和坐通宵车对身体是比较严峻的考验,适合经济不足但精力旺盛的年轻人。

【句型用法拓展】

1. Asking the Way

I'm sorry to disturb you/I'm sorry to bug you.

Hi guys, do you happen to know which way to go there?

Do you know where it is?

Do you have a rough idea of how long it would take to get there?

Do you happen to know where is...?

2. Talking about the Fee

And I can probably tell you right now how much it was.

If it's a one-way trip. It was six dollars and ninety-two cents.

There's the TAP card, and three quarters (coins).

It looks like it would actually be easier and cheaper to take Uber.

And I think the subway was two dollars and seventy-five cents.

3. Express the Location

Or you're on the opposite side?

Okay, I'll run over right now.

It's the one that towards the church.

Oh it's on the other side of the road.

I'm right across from GAP at a bus station.

4. Renting a Car

Be prepared to show the following rental agreement.

That's why we have these special cars.

So we could choose this one if we want?

If you want this car you can get that car.

Get on the shuttle and you'll reach a car rental company in just a couple of minutes.

5. Have the Car Refilled

How can I use the self-service pump?

Put the nozzle in your tank. Press this and it will start to pump.

How many gallons do you want?

There is a sign that says "Self-Serve" or "Full-Service".

I want regular unleaded then.

【 俗语用法拓展 】

A Drive Through.—A window to pick up food or items from a store or restaurant.

Riding shotgun.—Sitting in the front passenger seat.

Pain at the pump.—It is painful to pay a lot of money for gas (from a pump).

Road Rage.—Anger while driving that occurs towards other drivers.

All roads lead to Rome.—Different paths lead to the same destination.

【 讨论话题拓展 】

How common are cars in your country? Does every adult drive or own a car?

At what age can you get a driver's license in your country?

Do you think it is ok that teenagers can drive in the U.S. at age 16?

If you could have the car, what kind of car would you buy?

Would you prefer to drive your own car or use public transit in the city?

Do you have Greyhound and Megabus in your country? Is it convenient to travel in your country?

项目十

娱在美国

【图片导入】

Questions：Can you describe the following pictures in Chinese or in English？

图 10.1　Red Box Kiosk

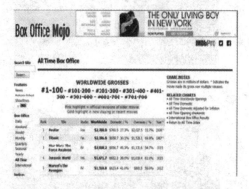

图 10.2　Box Office

图 10.3　Cosplay

图 10.4　Tabletop Role-playing Game

图 10.5　Baseball

图 10.6　Softball

图 10.7　Football

图 10.8　Soccer

图 10.9　Watching the game/tailgating

图 10.10　Going to the Game

图 10.11　Road trip

图 10.12　Backpack

图 10.13　Chinatown

图 10.14　Washington D.C.

图 10.15　Universal Studios Hollywood

图 10.16　Disney

图 10.17　Miami Beach

图 10.18　Mount Rushmore

图 10.19　Yellowstone National Park

图 10.20　Las Vegas

【文化背景知识拓展】

一、Red Box and Box Office

自助租碟机(Red Box Kiosk)是由麦当劳创立的,最初是作为食品自动售货机的附属品。随着食品自动售卖逐渐被市场淘汰,自助租碟服务得到了消费者的认可,并不断发展壮大。至今 Red Box 已发展成为全美第四大 DVD 碟片租赁商。Red Box 为消费者提供蓝光影碟的租赁服务,在美国数个指定地点消费者可以通过自助的方式租赁蓝光碟片,价格为每晚1美元。

Box Office 指票房,可以用观众人数或门票收入来计算。在现今的电影业中,票房已经成为衡量一部电影是否成功的一项重要指标。

二、Cosplay

角色扮演(Cosplay)是由美国人 Nov.Takahashi 提出的,见英语"Costume Play"的简写。他的这一灵感来源于美国旧金山的国际化装舞会。1982 年日本发起了 Cosplay 运动。Cosplay 利用服装、饰品、道具以及化装来扮演动漫作品、游戏中的角色。玩 Cosplay 的人一般被称为 Cosplayer。Cosplay 比较狭义的解释是模仿、装扮虚拟世界的角色,也被称为角色扮演。由此,在网络上衍生出了新的含义,往往被用来形容假扮某类人的人。

三、Tabletop Role-playing Game

桌上角色扮演游戏(Tabletop Role-playing Game),简称 TRPG,是一种角色扮演活动。它是一种面对面的、通过言语描述角色的扮演游戏。在这些游戏活动中,担当游戏主持的人负责协调各个扮演人间的沟通、游戏世界状况的描述等工作,以便游戏顺利进行。角色扮演游戏需要:人物卡、骰子(从普通 6 面骰到 20 面骰)、笔等工具。主持人在活动中担任仲裁者,负责描述整个活动的设定和活动中所遭遇的怪物、陷阱及剧中角色。

四、Baseball and Softball

垒球(softball)使用的球比棒球(baseball)的大。垒球有七局,而棒球有九局。棒球是上手投球,垒球是下手投球。因此棒球球速比垒球快,一般来说,棒球比垒球更加激烈,所以棒球通常为男子运动,而垒球通常为女子运动。

五、Soccer and American Football

在北美地区,Football 特指橄榄球,而 Soccer 才是足球。橄榄球是从足球运动的玩法中演变而来的,而在橄榄球的名字里,虽然有 foot(脚)作为单词的一部分,但比赛的大部分时间,球员主要都在用手传接球,或抱着球跑动,用到脚的时候其实不多。现代英式足球(soccer)诞生于 19 世纪,现在已经发展为世界第一运动。而美式足球(football),又称美式橄榄球,在美国是一项极具号召力的运动,而各自所代表的赛事,英超和美国职业橄榄球联盟(NFL)都发展为世界最具有商业价值的赛事之一。

每年的一二月,AFC 和 NFC 的两个联会冠军会在某个指定的城市争夺文斯·隆巴迪奖杯

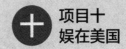
(Vince Lombardi Trophy)，即总冠军赛，也就是 Super Bowl。它拥有超过一半美国家庭的电视收视率，同时全世界有超过 150 个国家电视转播这场比赛。Super Bowl Sunday 已经成为年度大戏，基本上成为一个非官方假日，该赛事同时也是全美收视率最高的电视体育节目。

六、Chinatown

美国是一个移民国家，从 1848 年开始的加州淘金热至今，众多的华人来到美国，使美国成为华人在海外人口最多的国家，现有华人 300 多万。老一代华人聚集的地区便形成了中国城，又称为唐人街或华埠，英文称为 Chinatown，唐人街最早在 19 世纪的美国和加拿大形成。近代赴美的华人早已遍布美国的各个地区。唐人街因历史因素或特殊国情，在东亚、东南亚和北美地区十分常见。

中国城里有琉璃瓦的牌楼、汉白玉的石狮、满目的汉字、火红的灯笼；中国城内有许多挂着中文招牌的商店、中国餐馆，还有瓷器、油纸伞、旗袍、茶叶等传统的中国商品，成为美国一道亮丽的风景线。

七、Universal Studios Hollywood

好莱坞环球影城(Universal Studios Hollywood)位于洛杉矶市区西北郊，是游客到洛杉矶的必游之地。好莱坞是世界著名的影城，20 世纪初一些制片商开始在这里拍片，到 1928 年已形成了以派拉蒙等八大影片公司为首的强大阵容。20 世纪三四十年代以来，好莱坞成为美国的一个文化中心，众多的作家、音乐家、影星就住在附近的贝弗利山上。这里每天都吸引着世界各地的游客。它的成功不仅体现在环球影城内部新颖独特的游乐设施及不断更新的游乐项目上，还有一个极其重要的原因就是精心打造景点周边的外部环境，让旅游与生活建立紧密的联系。现在的环球影城其实已经不仅仅是一个吸引游客的旅游景点，同时也成了一个极具美感的商业街区。

【句型用法拓展】

1. Describe the Scenes

Giant eye-catching signs hanging above the shops line the street.

Window displays are decorated with cute cartoon candies, dolls and many other interesting souvenirs.

The power of unrestricted imagination created a magical world. And today, we've come here and found this world magical.

From this crowded setting you can see how much people adore Harry Potter.

Every year millions of tourists are drawn here. Anyone who has heard Hollywood has also definitely heard of this place!

2. Taking Pictures

Do you mind taking some pictures for me?

Hi, you wanna join me for a quick photo?

I'm the only one who wanna the picture.

Okay let's get a photo of the group so, Cheese!

I'll just take a quick selfie with you.

3. Talking about Views

What's your favorite ride then?

Shrek 4D is pretty funny if it's your first time, I think.

A lot of people like Harry Potter, but I'm pretty new to it.

I've never been on the Walking dead ride, I think it's supposed to be really scary.

I guess that would be my least favorite.

4. Suggestions

We can maybe go for the Jurassic together.

Harry Potter is right here, so we can go to Harry Potter first.

Can you make it tomorrow?

The park isn't far from here. Shall we walk there?

The museum is very far from here. Let's catch a bus, shall we?

5. Asking Information about the Tour

What does the morning tour include?

What's the most comprehensive tour of the city?

I'm most interested in historic sights. Which tour do you suggest?

Does this tour include (visit, stop at) the Statue of Liberty?

How much does the all-day tour cost?

6. Attention to Others

Okay, here we go. Look at all of these familiar star signs!

That's right, you've guessed it. We have reached the legendary Walk of Fame!

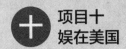

Now then, what would happen on this street?

Oh, look at that! Pretty good Batman. I like Iron Man, he's pretty cool.

Today we've come to the place that can be said is the symbol of Los Angeles.

7. Talking about the Game

Which team is leading? What's the score right now?

Germany won and will be going on to the second round.

The visiting team scored the first goal.

It's a pity that Brazil has been eliminated.

Those boys always have a good team work.

【俗语用法拓展】

To ride shotgun.—To sit in the front passenger side of the car.

To catch some rays.—To sit in the sun in order to get a tan or relax.

To get away from it all.—To leave the city or regular life and go somewhere else.

What happens in Vegas (on Spring Break), stays in Vegas (on Spring Break).—Even if you experience crazy things on Spring Break, you cannot tell people when you get home.

"I want to Rock N' Roll all night and party every day!"—To be wild, have fun, live an extreme life at night and during the day—all the time!

"Sex, Drugs and Rock N' Roll!"—A saying that describes three things that will mean trouble or define an extreme lifestyle. Another example is "Wine, Women and Song".

【讨论话题拓展】

Have you ever watched any of the popular American holiday movies?

What is the most popular attraction in the U.S. for tourists?

What is the most popular attraction in your country?

What kinds of music are played on the radio in your country?

Is hockey or ice skating a popular sport in your country?

What kinds of outdoorsmen activities are in your country?

项目十一

购在美国

【图片导入】

Questions：Can you describe the following pictures in Chinese or in English?

图 11.1　Sales Tax

图 11.2　Duty Free Shop

图 11.3　Tax Free

图 11.4　Tax Refund

图 11.5　Gift-card/Coupon

图 11.6　Online Shopping

图 11.7　For Sale

图 11.8　Black Friday

图 11.9　Outlets

图 11.10　Luxury Brands

图 11.11　Yard Sale

图 11.12　Garage Sale

图 11.13　Goodwill

图 11.14　Thrift Store

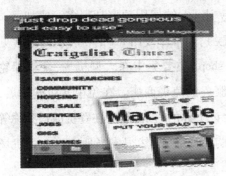

图 11.15　Craigslist

图 11.16　U-Haul

图 11.17　Cosmetics

图 11.18　Make-up

图 11.19　Popular Jeans

图 11.20　Popular Brands

【文化背景知识拓展】

一、Sales Tax and Duty Free Shop

在美国,购物缴纳的消费税由两部分组成,第一部分是联邦政府在进出口货品上收的关税(Custom Duty),第二部分则是各州征收的销售税(Sales Tax)。美国的消费税在各州、各个城市有所不同,例如,洛杉矶为 9.75%、拉斯维加斯为 8.1%、纽约为 8.875%、华盛顿特区为5.75%。销售税由美国各州政府自行征收,其中加州是全美销售税最高的州之一。

Duty 表示税收的意思。在国际贸易中，duty 比 tax 的使用频率高很多。比如：excise duty（消费税）、stamp duty（印花税）、custom duty（关税），而唯一使用 tax 的税种就是最常见的 VAT（value added tax）增值税。免税商店（duty free shop）主要集中在大型机场、豪华邮轮、机场。世界各个国际机场都有向即将离境的客人提供服务的免税商店。在免税商店购物后，是不能直接拿到商品的。营业员看了你的机票之后，会记下你的航班，然后在登机前送到你等待航班的登机口。这样做的目的是保证是离境的游客购买商品，不然很多当地人也会去机场免税商店买东西。

二、Tax Free and Tax Refund

美国总共 50 个州，其中有 5 个州为免税州，分别是俄勒冈、阿拉斯加、德拉维、蒙塔娜、新罕布什尔。这 5 个州的州政府不对任何商品征税，但州内的地方政府（市政府）会征收购物消费税。比如，阿拉斯加州的地方税最高可达 7%，新罕布什尔州的地方税最高为 3%，除 5 个免税州外，还有一个部分免税州——新泽西州。

为促进消费，美国有些州每年会在特定的日期实行免税政策（Tax Free）。在免税日，购买规定类别的商品是完全免税的，常见的免税品有学校用具、衣服、鞋子、节能产品等。在美国，旅游业发达的纽约州、加利福尼亚州、佛罗里达州和夏威夷州，对游客根本没有退销售税的说法。美国只有两个州允许国外旅游者退税（Tax Refund），分别是得克萨斯州和路易斯安那州。其中得克萨斯州还允许美国公民退税，如果你能提供证据证明所购买物品将被带出美国使用。凭外国护照和 90 天内有效的赴美往返机票，可以退回销售税。

三、Black Friday

关于"黑色星期五"（Black Friday）的由来有多种说法，感恩节（11 月第四个星期四）后开业的第一天，之后就是圣诞节，人们通常开始大采购，很多商店都会有大额进账。而传统上用不同颜色的墨水来记账，红色表示亏损即赤字，黑色表示盈利。所以，把这个星期五叫作黑色星期五，用以表示这一天期待会有盈利。因为商店的打折活动（for sale）一般都在感恩节结束的午夜（即周五零点）开始，感恩节的次日开始，想买便宜货的人必须摸着黑冲到商场排队，黑压压的一群人排长队购物，也被认为是黑色星期五的另一个来历。

四、Outlets

Outlets 的中文直译是奥特莱斯，在零售商业中专指由销售名牌过季、下架、断码商品的商店组成的购物中心，因此也被称为品牌直销购物中心。奥特莱斯最早诞生于美国，迄今已有近

100 年的历史,但真正有规模的发展是从 1970 年左右开始的。奥特莱斯为商品工厂、品牌所有者、品牌代理商、品牌批发商乃至大型百货商店共同参与供货。其特点是功能齐全,休闲购物一体化,购物环境轻松。据美国的统计数字显示,全美有 275 个大型奥特莱斯中心,销售增长率逐年大幅递增。

去奥特莱斯购物可以提前查看在官网上当地奥特莱斯的经营时间。去之前在官网上注册会员,获取优惠券手册(saving passport),提前打印优惠券(coupon)。到奥特莱斯要先到客服中心兑换优惠券。

五、Thrift Store

美国有很多二手商店。以美国全国性连锁慈善二手货商店 Goodwill 为例,Goodwill 是一个非营利组织,目的是为缺乏教育和工作经验、退伍军人和有犯罪记录等的有障碍人士提供就业培训和工作机会。Goodwill 的店铺分为两部分,前面是淘货的店面,后面是捐赠仓库。商品都是人们自发把家里不需要的但是又可以继续使用的东西捐赠出来。在收到捐赠的物品尤其是衣物类的物品后,由专人对捐赠物品进行标准筛选,淘汰太旧以及损坏的物品,然后统一进行分类整理并消毒,最后以非常实惠的价格在前面的店面上架销售。

六、Craigslist

Craigslist 是美国最大的线上分类广告网站,网站以城市为单位,上面可以买卖东西、找房子、找服务、找工作、交友等。进入网站后可以直接输入自己本地的邮编,这样就可以同城交易。在 Craigslist 上买大件家具,甚至二手车都是很常见的事。它的优势在于没有手续费、价格便宜,并且与卖家直接联系送货或者上门取货都很方便,它是美国生活必备的网站。对于不是很急着买的,或者不紧俏的二手货,可以先发邮件联系对方进行砍价。

七、U-Haul

租赁公司(U-Haul)遍及美国。U-Haul 意思是"你租我们公司的车,你自己运送东西",即 U=You,而 Haul 是拖运的意思。把 you 写成 U,不仅简练,而且醒目。美国人一生中迁移多次,搬家时少不了 U-Haul 的车辆。在 U-Haul 网站预约需要的车型,选择取车时间、取车地点和还车地点。然后点击 Get Rates,就能得出各个车型的报价。U-Haul 会给出不同的车型和报价。在填写完个人银行卡信息之后,提前交费。在交费项目中,除了需要付的租车费、里程费,还有环境污染税、自选的租车保险是必须交的。当网上所有的信息和费用都搞定之后,就要计划取车时间,到所选的取车地点取车。如果所选的是自取(self-pickup),那就要在手机上完成取车前的最后认证。在经过后台人员的验证之后，会看到自己汽车的编号，之后在 App 上就会显示汽车的钥匙藏在哪里。还车的时候要把钥匙放到一个有 U-Haul 标志的橘黄色的钥匙箱。

【常用句型拓展】

1. Questions about Buying Goods

I'd like to try this sweater.

Does this come in other colors?

Do you have this in other sizes?

Can I get a price check for this?

What's your return policy?

2. Bargining

Is that the lowest you would go? How low can you go?

Are these clothes on sale? Could you give me a discount?

Do you happen to know if this one is marked down?

Is the price negotiable?

I'm not a bargaining person, but I've only got 20 bucks.

3. Buying Jeans

What kind of jeans are you trying to look for? If you wanna try something a little bit tighter, we have that.

If you want something with a little extra room, you can go to the 514.

So it's slim in the thigh but it's a little bit wider around the ankle.

You can work in our 510, our skinnies.

I want to buy a pair of jeans to match my blouse. Can you give some advice?

4. Buying Cosmetics

And maybe a few moisturizers or pore-tightening concentrate is okay?

What kind do you want, day or night moisturizer?

You can use a concealer to cover the dark circles around your eyes.

It's too big of a bottle for me, I never persist with toner.

Can you recommend a really good eye cream?

5. Paying the Bill

Charge or debit? /(Credit or debit?)

I'll put this receipt in the bag for you. Hope you have a safe trip.

How are you going to pay?

Bring your receipt to the customer service, and they will refund you.

Excuse me, but I think you've overcharged me.

【俗语用法拓展】

A man can never have too many ties and a woman can't have too many hats. —It is important for both women as well as men to dress up.

It is easy to open a shop but hard to keep it always open. —It is easy to start a business but difficulty to keep it.

A man without a smiling face must not open a shop. —Good attitude is important for a businessman.

Red sky at night, sailors delight. Red sky at morning, sailors take warning. —It used for weather forecasting based on the reddish glow of the morning or evening sky.

See a penny pick it up, all day long you'll have good luck. —If you pick up a penny from the ground it means that you will be rich when you get older.

A penny saved is a penny earned. —It is importance of saving.

【讨论话题拓展】

Do you have Goodwill or Craigslist in your country?

Do you know how to read the following top brands in English like Hermes, Balenciaga, Gucci, Georgio Armani, Chanel, Cartier, Luis Vuitton, Burberry, Celine, Bvlgari?

Have you ever heard Black Friday in USA?

What is home shopping? Does it popular in your country?

Which do you prefer, online shopping or going to the shopping malls?

Do you think shopping is a way to enjoy life? Why or why not?

项目十二

学在美国

【图片导入】

Questions：Can you describe the following pictures in Chinese or in English?

图 12.1　Top Private Universities

图 12.2　Ivy League

图 12.3　Academic Advisor

图 12.4　Declare a Major

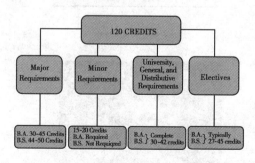

图 12.5　Prerequisites

图 12.6　Electives

图 12.7　Greek Life

图 12.8　Teaching Assistants（TA）

图 12.9　Scholarship Application

图 12.10　Fellowship

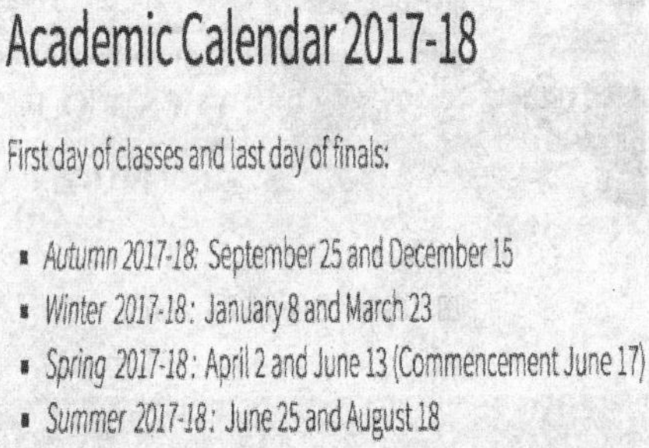

Academic Calendar 2017-18

First day of classes and last day of finals:

- Autumn 2017-18: September 25 and December 15
- Winter 2017-18: January 8 and March 23
- Spring 2017-18: April 2 and June 13 (Commencement June 17)
- Summer 2017-18: June 25 and August 18

图 12.11　Quarter

Actions that might be seen as plagiarism

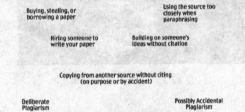

图 12.12　Plagiarsm

图 12.13　Pulling an All-Nighter

图 12.14　Hangover

图 12.15 Internships

图 12.16 Part-Time Job

图 12.17 Emergency Button

图 12.18 Dining Commons

图 12.19 Dorm

图 12.20 Bike racks

【文化背景知识拓展】

一、The Public Universities and Private Universities

在美国,公立大学(The Public Universities)和私立大学(Private Universities)广泛并存,遍及各州。公立大学的校名中很多带有"state"这样的称呼,即某州立大学。美国公立和私立学校最显著的不同是它们的资金来源。公立学校的资金主要来自地方、州以及联邦政府资金,而私立学校的资金则主要来自学费,还有校友捐赠、宗教组织的捐赠和慈善捐款等。私立大学录取过程严格,要求较高,规模小,一般一所学校只有几千人左右;师资力量强,师生比例高,体现精英化教育,教学质量高;学费昂贵,但奖学金种类多,美国排名前 20 名的大学几乎都是私立大学。公立大学相对较容易申请,优先照顾本州学生;规模较大,一般在 1 万人左右;师资力量相对薄弱,师生比例低,体现教育的普及化,教学质量不及私立大学;学费较低,但外州的学生及留学生费用较高,且奖学金不易申请。

二、Ivy League

常春藤盟校(Ivy League)指的是美国东北部地区的 8 所大学,因其为美国最古老及最精英的学校,而这些学校的建筑物均被常春藤覆盖住而得名。它们全部是美国一流名校,也是美国产生最多罗德奖学金得主的高校联盟。这 8 所院校包括哈佛大学、宾夕法尼亚大学、耶鲁大学、普林斯顿大学、哥伦比亚大学、达特茅斯学院、布朗大学及康奈尔大学。这 8 所常春藤盟校都是私立大学,1954 年常春藤联盟一词被正式沿用。

三、Prerequisites

先修科目(Prerequisites)是美国大学生在学习更高一级课程之前必须修完的项目或课程。先修科目表提供毕业所需要完成的所有课程,至于这些课程之外还想学什么完全没有限制,所以每学期学多少课,什么时候学完全由自己决定。当然学校有最低的学分要求,以及最高学分限制。每学期必须修完一定数量的学分,同时如果超过一定学分,必须向学校申请才能选修更多的学分。

四、Greek Life

Greek Life 是美国大学特有的一种社团活动。通常由同性组成的各种联谊会。在美国称为"兄弟会""姐妹会"。之所以叫 Greek Life,是因为这些联谊会都用希腊字母来命名,有自己的文化传统、徽章符号等。兄弟会可以概括成 4 种。

①社交会(Social Frats)。社交会通常都和美女、酒精、聚会联系在一起。Social Frats 有自己专门的联谊会(frat house),一到周末就举办各种主题派对。

②专业会(Professional Frats)。专业会通常是基于成员的职业前景和目标成立的组织。一般都是男女混合(Co-ed)。专业会按未来的职业领域划分。专业会可以培养学生的专业素养,增加学生的社会使命感,通过严格的培训从而提高学生的社会本领,使成员对将来的职业规划更加了解。

③学术荣誉会(Honors Frats)。学术荣誉会通常在接受新人的时候对学术要求极高,对

GPA 和年级排名都有硬性标准,可以理解为学霸聚集地。加入这种社团需要完成社会实践、学术活动、社会活动三种类型的活动,提交个人陈述、教授的推荐信、参加面试等。

④服务会(Service Frats)。服务会专注于社区服务、领导力活动以及募捐等活动。在服务会看来,未来职业、年级、成绩、理念并不重要,重要的是培养学生对社会的奉献精神。他们经常会去猫狗领养院、孤儿院、老人院做义工回报社会。

五、Fellowship,RA,TA and TW

美国大学提供给申请攻读研究生学位的学生的经济资助主要包括两类:Fellowship/Scholarship(奖学金)和 Assistantship(助学金)。助学金一般分为 Research Assistantship(助研)和 Teaching Assistantship(助教)。RA 要求学生参与到教授的研究工作中,具体的工作包括实验操作、数据分析、程序编写甚至合作论文等。TA 的职责则包括帮助教授管理实验室、试卷评分等。往往一个 Graduate Assistant 包括了学费的减免,从半免到全免和一笔数额从每年几千美元到几万美元不等的津贴。获得 GA 的学生大多还能额外获得一个 Fellowship,一般数额在每年一万美元以下。如果能够拿到一个学费全免 GA 外加一笔 Fellowship,那么总数额就很有可能达到甚至超过了一年在校的总费用(学费加生活费),这就是我们平时所谓的"全奖"。

六、Quarter and Semester

美国有 60% 及以上的高等院校采用学期制(Semester),将一学年划分为春季和秋季两个学期,一年有 30~32 个学期周,其中 Spring Semester(春学期)通常是在 1 月份开学,5 月份结束,每学期有 15~16 个学期周;Fall Semester(秋学期)通常是在 9 月中旬开学,12 月末结束,每学期也有 15~16 个学期周。暑假时间较长,为 6—8 月末,可长达 6~10 周。Semester 学期制的美国大学要求学生修完 120~128 个学分才可以申请毕业,同时每学期需要修够 15 个以上的学分。在美国采用 Semester 学期制的学校有:普林斯顿大学、耶鲁大学、哥伦比亚大学、伊利诺伊大学香槟分校等学校。

美国有 20% 左右的高等院校采用学季制(Quarter),将一学年划分为 4 个学段,各为 10 周左右的时间,一年大约有 30 个学时周,上课的时间是 3 个学段,分别为秋学季(Fall Quarter)9—12 月;冬学季(Winter Quarter)1—3 月;春学季(Spring Quarter)4—6 月;以及暑学季(Summer Quarter)7—8 月。学季制的美国大学要求学生修完 180~192 个学分才能毕业,学生每个学季需要修 14~18 个学分,每门课程大致为 2~4 个学分。在美国采用 Quarter 学季制的学校有:斯坦福大学、加州大学、华盛顿大学(西雅图)、芝加哥大学、西北大学、俄勒冈大学、达特茅斯学院、德勒塞尔大学等学校。

七、Plagiarism

在美国作弊(Plagiarism)的后果十分严重。在美国就读的学生在刚入学的时候,大都会收到一份"荣誉行为守则"(Honor Code),保证学术诚信,对一切课业任务不会剽窃、抄袭,或者获得外人协助。美国学校对待学术不诚的严肃性,几乎到了零容忍的程度。一旦发现,轻则警告或者留校察看,重则会被开除,记录在案。作弊包括:

①收藏往年的试题复习:在美国,除非教授主动分享往年试题,否则自己私自收藏、复习往年试卷就算考试作弊。

②考试时候跟除助教和教授以外的人说话:在美国考试时除了TA(助教)和教授,跟其他任何人说话,不管话题内容是啥,都算作考试作弊,而且很有可能被开除。

③一起做作业,分享资料:在美国教授收到学生上传的作业后,在线比对的软件就能自动扫描。涵盖范围包括:网络资料、往届学生作业、同班同学的作业等。

④抄袭或协助他人抄袭:查阅超出规定范围的资料,也是不允许的。在平时作业中也是如此,抄同学作业或者抄袭网络上的答案,都会被认定为抄袭。根据不同学校的规定和作弊情节的严重程度,处理结果可能不同。轻则取消当次考试或作业成绩,重则直接被学校开除。

⑤学术剽窃:剽窃是指作者引用了版权作品,而没有正确地标记出处。另外,未能准确地引用他人的观点、引用来源与内容不符,如果处理不当也很有可能被当成学术剽窃。有些学校会在学生第一次剽窃时对其作出警告,另外一些学校则可能会直接开除剽窃的学生。

⑥代写代考。

【句型用法拓展】

1. Campus Life

There are a lot of party-goers while even more students have experience of pulling all-nighters in the library.

It's supposed to be a gym for sports games to be held.

There's an emergency thing here. You press here for help if you're in dangerous situations.

There are some rules if you do live in the dorm, like drinking alcohol, smoking cigarettes.

Some college courses are graded in terms of either a pass or a fail.

2. Dine in the Campus

This is the Dining Commons where meals are prepared and served.

A variety of meal plans provide access to the dining commons.

You get a dining pass which allows you to eat here and over there. It's buffet style.

Once you swipe your card in, you go in and you can eat however much you want.

Paying at the door is also an option for those without a meal plan.

3. Library and Study

During finals the library is absolutely packed, and you have to ask people to hold you a spot.

These are plugs for your laptops.

Before you take your tests you crank, you shove all the knowledge into your mouth and stuff so that week is called dead week.

If you want to play hard, you have to study hard first!

Many cafes, libraries, and restaurants have already gone smoke-free.

4. Smart Bicycle-Sharing on Campus

Bike sharing will be an integrated mode for college campuses to their future campus plans for transportation and parking.

The bike share can be for an annual fee, or monthly, weekly, daily fees for the most transient users.

Most bike shares allow you to ride the shared bike from one station to another. You do not have to return it to the same station from which it was rented.

There's another bike parking lot over there. People here bike a lot.

These things down are bike racks. They're actually welded to the ground, you're supposed to lock your bike to it.

5. Facilities

In this podium it actually has a computer built in.

This is actually for media equipment technical support.

Each lecture hall has its own technical support team.

This is a water fountain. It's purified water.

You can just bend over and get water without using a bottle.

【俗语用法拓展】

If the short cut to learning, it also must be diligent. —Diligent is the only way to learning.

Learning the bitter root from a long sweet fruit. —If you study hard you will be fruitful.

A good beginning is half done. —A good starting is very important.

Failure is the mother of success. —Failure teaches us to be better.

Take time by the forelock. —There is no time like the present.

<u>What happens in Vegas (on Spring Break), stays in Vegas (on Spring Break)</u>. —Even if you experience crazy things on Spring Break, you cannot tell people when you get home.

【讨论话题拓展】

The students in USA often stay up late during dead week. Do people do that in China?

What happens if you fail a class in your country?

What is the policy on cheating and plagiarism in your country?

What do students do in the summer or winter holiday in your country?

How is Spring Break in the U.S. different than a student vacation in your country?

Do students work in the summer in your country?

 # 附　录

附录 1　跨文化能力自测表

在学习这门课程前,请结合本人情况,填写以下信息:

第一部分　个人信息

1.性别:

a.男

b.女

2.民族:

3.出生地:

4.个人来自:

a.城镇

b.乡村

5.英语口语水平:

a.非常好

b.一般

c.较差

d.非常差

6.年龄:

第二部分　民族文化意识调查

7.你对本民族文化的了解:

a.较全面

b.有些

c.基本没有

8.你如何看待本民族文化和异文化：

a.本民族文化在与其他文化的互动中发展

b.西方文化比本民族文化更优秀

c.本民族文化比任何民族文化都优秀

9.您认为学习少数民族文化知识：

a.非常不必要

b.不必要

c.非常必要

10.你认为学习哪种文化更重要？本民族文化还是西方文化？

a.本民族文化

b. 西方文化

c.一样重要

第三部分　跨文化意识调查

11.你对待跨文化态度：

a.我喜欢和来自不同文化背景的人交流

b.与不同文化背景的人在一起时我很拘谨

c.我不太接受来自不同文化背景人的看法

d.我不信任异文化的人

12.当你请外国朋友来家里吃饭时，你会：

a.按本民族习惯夹菜、劝酒给外国朋友，表示热情

b.不会劝酒、夹菜，让客人自便

13.你请朋友一起外出吃饭时，常常会：

a.各自付费

b.轮流付费

c.谁邀约谁付费

d.总是自己抢着付费

14.你受邀参加朋友的婚礼，一般会：

a.准时赴约

b.晚到一会儿

c.早到一会儿

15.你和外国朋友见面时,你会:

a.按自己民族的礼节问好

b.按汉族握手礼问好

c.按外国朋友国家的见面礼节问好

16.当你的室友常常熬夜影响你休息时,你会:

a.直截了当地提醒他

b.委婉间接地提示他

c.如果他不接受意见,就和他大吵一架

17.当你接受外国朋友的礼物时,你会:

a.当面打开,表示感谢

b.表示感谢,回家打开

c.心里表示感谢,但不会表达出来

18.当你想离开朋友家的聚会时,你会:

a.直接告诉朋友自己要回家了,然后离开

b.提前告诉朋友自己还有事,该回家了

c.不会告诉朋友,悄悄离开

19.当你想拒绝朋友时,你会:

a.找个借口,委婉拒绝

b.直接告诉朋友不行

20.你对《圣经》:

a.非常了解

b.一般了解

c.不了解

21.当老师夸奖你的英语很棒时,你会回答:

a.不,我英语还不够好

b.谢谢,我要继续加油

c.其他回答

22.当你看到一位年长的外国游客费力地提着大箱子时,你会:

a.主动上前帮忙

b.问问是否需要帮忙

c.不会帮忙

23.当你想请教外国朋友问题时,你会:

a.直接打电话或登门造访

b.先发邮件预约

24.当你在超市不小心碰到其他人时,你会

a.走开,当一切没发生过

b.说声"对不起"

c.责怪对方撞到你

25.当你去某公共场所推门进入时,发现后面还有其他人,你会:

a.把门留着,直到后面的人进来

b.因为不认识对方,所以不会留门

c.从来没有习惯给人留门

26.你在公共场所打喷嚏时会:

a.拿餐巾纸遮一下

b.不管有没有人都不遮拦

27.你在朋友面前抽烟时,会:

a.先征得同意再抽

b.想抽就抽,不管对方感受

c.不会在朋友面前抽烟

28.你到外国朋友家做客时,发现他家很漂亮,以下问题哪个你可能会问到:

a.花多少钱装修的房子

b.会赞美一番,但不会问及关于花钱的事

c.感觉很漂亮,但不会称赞

29.你觉得:

a.自己民族的信仰最优秀、正确,其他信仰都是假的、错的

b.各民族的信仰都有其道理,但不如自己民族的信仰好

c.各种信仰各有千秋,都有可取之处

对于这门课程,你最期望收获的是:

附录2 "中西文化差异探索"学习实践活动项目

1.活动目的

为了拓展跨文化视野,提升文化素养,更好地运用所学知识,以"中西文化差异探索"为题,通过综合实践活动,加深对跨文化交际的认识和理解。

(1)通过小组活动,学会与他人合作,培养协作的能力;

(2)通过交流汇报培养良好的沟通和表达能力;

(3)通过亲身实践体验中西方文化差异,增强跨文化交际的能力;

(4)通过对活动的总结和反思,培养自评互评他评的学习评价习惯。

2.活动计划

围绕"中西文化差异探索"这一活动主题,设计与跨文化相关的活动项目,如:"日常谈话中的中西文化差异""中西饮食文化差异""数字在中西方的不同意义""英语手势语拇指上的学问""比较关于跨文化交际主题的电影"等。开展以下活动计划:

(1)制订活动主题及小组分工协作计划;

(2)利用图书馆、阅览室、网络等资源,收集文献资料或信息;

(3)设计问卷调查表;

(4)进行调查或访谈并撰写报告;

(5)PPT汇报;

(6)互评自评检测。

3.过程记录

(1)主题。

(2)小组成员分工。

(3)调查和访谈(自己设计访谈或调查表)。

(4)遇到的困难。

(5)解决的办法。

(6)论文的格式要求:

①内容摘要(100词左右,说明研究的主要对象和范围,采用的手段和方法,得出的结果和重要的结论);

②关键词(关键词要3~8个词汇,补充论文标题所未能表示出的主要内容信息);

③正文(4 000字左右);

④参考文献(注明来源和出处)。

例:1.胡文仲,杜学增.中英文化习俗比较[M].北京:外语教学与研究出版社,2010.

小组自评互评表

一、小组自评

小组成员	主题内容	评价标准
		分工协作是否合理? A B C D 是否按照要求准备充分? A B C D 活动设计是否合理? A B C D 汇报过程中是否善于使用非语言交际功能? A B C D 表达是否准确? A B C D 项目内容信息是否完整充分? A B C D 是否恰当控制汇报时间? A B C D

二、小组互评

你认为本次活动最佳设计小组是(　　)等同学,原因是:_____

你认为本次活动最佳PPT汇报是(　　)同学,原因是:_____

填报人:　　　　　　日期:

附录3　跨文化交际课程学习后自评调查

通过本课程的学习,请结合自身情况,回答下列问题:0~4表示程度,"0"表示十分否定,"4"表示十分肯定。

1.承认本国与外国的文化差异,有正确的认识。0 1 2 3 4

2.对不符合中国习俗的行为,会宽容看待。0 1 2 3 4

3.在遇见交际障碍时,能冷静分析、比较、概括。0 1 2 3 4

4.在与外国人发生交际障碍时,会紧张,不知所措。0 1 2 3 4

5.认为"国外文化"优于"中国文化"。0 1 2 3 4

6.在发生交际障碍时,能运用策略灵活应变。0 1 2 3 4

7.愿意学习英语,并愿意学习英语国家的文化。0 1 2 3 4

8.熟悉英语国家的历史、社会风俗及价值观等。0 1 2 3 4

9.具备较强的语言交际能力。0 1 2 3 4

10.了解非语言交际知识(如体态语、客体语等)。0 1 2 3 4

11.了解各国礼节、禁忌。0 1 2 3 4

12.当遇到表达障碍时,通过使用近义词等方式应对。0 1 2 3 4

13.在交际中,会回避自身不熟悉的话题。0 1 2 3 4

14.愿意和外国人交朋友,知道如何与他们交往。0 1 2 3 4

通过学习这门课程,你最大的收获是:

通过对这门课程的学习,你觉得有待改进的是哪些方面?

附录4 跨文化电影推荐

1.《推手》

2.《喜宴》

3.《幸福终点站》

4.《撞车》

5.《一带一路》

6.《喜福会》

7.《傲慢与偏见》

8.《刮痧》

9.《结婚大作战》

10.《疯狂的石头》

11.《摔跤吧！爸爸》

12.《功夫熊猫》

参考文献

[1] 刘茜.东盟国家文化与礼俗研究[J].广西社会科学,2012(5):175-178.

[2] 何兆武.历史理论与史学理论[M].北京:商务印书馆,1999.

[3] 爱德华·泰勒.原始文化[M].连树声,译.上海:上海文艺出版社,1992.

[4] 胡文仲.跨文化交际面面观[M].北京:外语教学与研究出版社,2012.

[5] H. M. Hammerly. Synthesis in Second Language Teaching[M]. Blaine:Washington University Press,1982.

[6] 理查德·德威特.世界观:科学史与科学哲学导论[M].李跃乾,张新,译.北京:电子工业出版社,2014.

[7] 贾玉新.跨文化交际学[M].上海:上海外语教育出版社,1997.

[8] 张国良.传播学原理[M].上海:复旦大学出版社,2009.

[9] 陈国明.跨文化交际学[M].上海:华东师范大学出版社,2003.

[10] 王才仁.英语教学交际论[M].南宁:广西教育出版社,1996.

[11] Larry A. Samovar. Communication Between Cultures[M]. 北京:外语教学与研究出版社,2000.

[12] 爱德华·T.霍尔.无声的语言[M].刘建荣,译.上海:上海人民出版社,1991.

[13] M. Agar. Language Shock:Understanding the Culture of Conversation[M]. New York:William Morrow and Company,1994.

[14] 李炯英.中国跨文化交际学研究20年述评[J].解放军外国语学院学报,2002.

[15] 关世杰.跨文化交流学[M].北京:北京大学出版社,1995.

[16] 岳喜华.借"一带一路"深化中外文化交流[J].人民论坛,2017(32):138-139.

[17] 曲彦斌.民俗语言学[M].沈阳:辽宁教育出版社,2004.

[18] 胡文仲,杜学增.中英文化习俗比较[M].北京:外语教学与出版社,2010.

[19] 于明.礼仪全书[M].北京:国际文化出版公司,1993.